Übungs- und Klausurenbuch Controlling

Controlling und Kosten- und Leistungsrechnung

von

Prof. Dr. rer. pol. Peter R. Preißler
Prof. Dr. Karl Stoffel

Oldenbourg Verlag München

Bibliografische Information der Deutschen Nationalbibliothek

Die Deutsche Nationalbibliothek verzeichnet diese Publikation in der Deutschen Nationalbibliografie; detaillierte bibliografische Daten sind im Internet über http://dnb.d-nb.de abrufbar.

© 2013 Oldenbourg Wissenschaftsverlag GmbH
Rosenheimer Straße 145, D-81671 München
Telefon: (089) 45051-0
www.oldenbourg-verlag.de

Lektorat: Thomas Ammon
Herstellung: Tina Bonertz
Titelbild: thinkstockphotos.de
Einbandgestaltung: hauser lacour
Gesamtherstellung: freiburger graphische betriebe GmbH & Co. KG, Freiburg

Dieses Papier ist alterungsbeständig nach DIN/ISO 9706.

ISBN   978-3-486-70552-2
eISBN   978-3-486-71957-4

Vorwort

Das vorliegende Buch will den Bedürfnissen von Praxis und Theorie gleichermaßen gerecht werden. Es soll vorhandenes Wissen vertiefen und aktivieren, auf der Basis gründlichen Selbststudiums.

Die Autoren sind Garanten für dieses hohe Ausbildungsziel. Sie berücksichtigen die neuesten wissenschaftlichen Erkenntnisse, orientieren sich aber vor allem an den Bedürfnissen und Anforderungen der Wirtschaftspraxis.

Die Zielgruppe, die angesprochen werden soll, setzt sich sowohl aus Praktikern als auch aus Studierenden der Wirtschaftswissenschaften zusammen.

Das didaktische Grundkonzept baut auf der Erkenntnis auf, dass durch Tests, Aufgaben, und Übungen (auch auf der Grundlage des Multiple-Choice-Verfahrens) sowie Klausuren in verhältnismäßig kurzer Zeit auch komplexe Wissensgebiete vermittelt werden können und eine gute Lernerfolgskontrolle gewährleistet ist.

Basis dieses Übungsbuches ist das Buch „Controlling" von Peter R. Preißler, das parallel zu diesen Übungen eingesetzt werden kann.

Landshut, 10. Januar 2013
Peter R. Preißler
Karl Stoffel

Inhaltsverzeichnis

Teil 1: Aufgaben

1 Begriffsabgrenzung

1.1 Controlling und Controller

Aufgabe 1

Was verstehen Sie unter dem Begriff Controlling? Versuchen Sie, eine kurze Definition zu geben.

```
                                                                         
                                                                         
```

Aufgabe 2

Welche der im Folgenden aufgeführten Aufgaben hat Ihrer Meinung nach der Controller?

	Ja	Nein
– Festlegung der Zielsetzung des Unternehmens	☐	☐
– Revision	☐	☐
– Beratung der Unternehmensleitung bei der Zielfestlegung	☐	☐
– Zuständig für Kostenrechnungsfragen	☐	☐
– Koordination und Unterstützung bei der Durchführung der Pläne	☐	☐
– Kostenkontrolle	☐	☐
– Durchführung von Soll-Ist-Vergleichen	☐	☐
– Finanzielle Absicherung des Geschäftsvermögens	☐	☐
– Beobachtung des Unternehmensumfeldes	☐	☐
– Überwachung der Einhaltung von Plänen	☐	☐
– Zuständig für die Personalpolitik des Unternehmens	☐	☐
– Sicherheitsbeauftragter	☐	☐
– Zuständig für die Gewinne in der Bilanz	☐	☐
– Zuständig für die Zielsteuerung	☐	☐
– u.a. Wahrnehmen der Steuerungs- und Kontrollfunktion	☐	☐
– oberstes Kontroll- und Revisionsinstrument	☐	☐

Aufgabe 3

Welche der folgenden Aussagen erscheinen Ihnen richtig?

Controlling ist:

	Ja	Nein
– Innerbetriebliche Revision	☐	☐
– Kostenkontrolle	☐	☐
– Topmanagement	☐	☐

	Ja	Nein
– Funktionsübergreifendes Steuerungsinstrument	☐	☐
– Mittel zur Gewinnsteigerung in der Bilanz	☐	☐
– Andere Bezeichnung für Geschäftsführung	☐	☐
– Zentrale Stelle für Sicherheitsfragen	☐	☐
– Teilbereich der Buchhaltung	☐	☐
– Ein auf Dauer vorgesehenes Führungsinstrument	☐	☐

Aufgabe 4

Stimmen folgende Aussagen?

	Ja	Nein
– Schlechte Betriebsergebnisse sind die Voraussetzung für die Einführung von Controlling.	☐	☐
– Controlling ist eine völlig neue Erkenntnis der betriebswirtschaftlichen Lehre.	☐	☐
– Funktionierendes Controlling bedeutet gleichsam institutionalisiertes Kostensenken.	☐	☐
– Das Wort „Controlling" ist mit Kontrolle gleichzusetzen	☐	☐
– Der Controller hat eine beratende Funktion bei der Festlegung von Unternehmenszielen.	☐	☐
– Der Controller ist immer ein Fachmann auf dem Gebiet der EDV.	☐	☐
– Er ist verantwortlich für die Zielerreichung.	☐	☐
– Er muss Mitarbeiter motivieren können	☐	☐

Aufgabe 5

Worin liegen die Hauptunterschiede zwischen Kontrolle und Controlling?

Ergänzen Sie bitte die folgende Zeichnung:

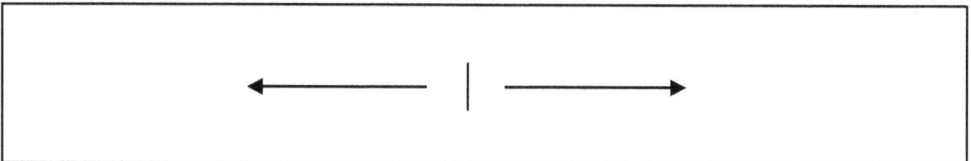

Aufgabe 6

Was versteht man unter Controlling in funktionaler Hinsicht?

Aufgabe 7

Was ist Ihrer Meinung nach der Controller?

		Ja	Nein
–	Kontrolleur	☐	☐
–	Oberste Führungsinstanz	☐	☐
–	Andere Bezeichnung für Geschäftsführer	☐	☐
–	Chef-Buchhalter	☐	☐
–	Ziel- und Planungsverkäufer	☐	☐
–	Finanzfachmann	☐	☐
–	Kostenrechnungsfachmann	☐	☐
–	Leiter der Buchhaltung	☐	☐
–	Steuerexperte des Unternehmens	☐	☐
–	Zielerreichungslotse	☐	☐
–	Überwachungsdienst	☐	☐

Aufgabe 8

Definieren Sie bitte die Begriffe Controller und Controlling:

Controller:

Controlling:

Aufgabe 9

Sie suchen nach einer umfassenden Kennzeichnung des „Controlling" und haben die Auswahl zwischen den folgenden Möglichkeiten. Welches ist die richtige?

☐ Das Controlling hat die Aufgabe, die Mitarbeiter in die Lage zu versetzen, sich selbst zu steuern.

☐ Controlling übt eine Kontrolle durch Soll-Ist-Vergleiche aus.

☐ Controlling ist nur ein Planungsinstrument.

Aufgabe 10

Welche der folgenden Aussagen ist richtig?

☐ Controlling ist eine völlig neue Erkenntnis der betriebswirtschaftlichen Lehre.

☐ Das Wort „Controlling" ist mit Kontrolle gleichzusetzen.

☐ Der Controller muss ein Fachmann auf dem Gebiet der Kostenrechnung sein.

Aufgabe 11

Was ist eigentlich das „Neue" am Controlling?

☐ Die Ausrichtung der Kosten- und Leistungsrechnung als Steuerungsinstrument der Unternehmensführung

☐ Die geschlossene organisatorische Konzeption der Teilfunktionen

☐ Die Betonung der Kontrolltätigkeit der Kostenrechnung

☐ Einführung der Kostenplanung im Betrieb

1.2   Operatives Controlling – Strategisches Controlling

Aufgabe 1

Ergänzen Sie bitte:

Unterscheidungsmerkmal	Operatives Controlling	Strategisches Controlling

Aufgabe 2

Strategisches Controlling ist gekennzeichnet durch:

	Ja	Nein
– die Durchführung aktueller Soll-Ist-Vergleiche	☐	☐
– die Begriffe Chancen und Risiken	☐	☐
– die nachhaltige Sicherung des Unternehmens	☐	☐
– Langfristigkeit in der Betrachtungsweise	☐	☐

Aufgabe 3

Stimmen folgende Aussagen?

	Ja	Nein
– Operatives Controlling sollte durch strategisches Controlling ergänzt werden.	☐	☐
– Strategisches Controlling benötigt ein funktionierendes operatives Controlling.	☐	☐
– Operatives Controlling orientiert sich v.a. an zukünftigen Zahlen.	☐	☐
– Im Mittelpunkt jedes Unternehmens sollte der kurzfristige Erfolg stehen.	☐	☐
– Zwischen operativem und strategischem Controlling besteht kein Zusammenhang.	☐	☐

2 Aufgaben des Controllings

2.1 Das zielorientierte Unternehmen

Aufgabe 1

Welche wichtigen Gesichtspunkte sind bei der Zielsetzung der Unternehmung vom Controller zu berücksichtigen?

1.	
2.	
3.	
4.	
5.	
6.	
7.	
8.	
9.	
10.	
11.	

Aufgabe 2

Stellen Sie Controlling als zielorientiertes Führungskonzept dar. Ergänzen Sie bitte:

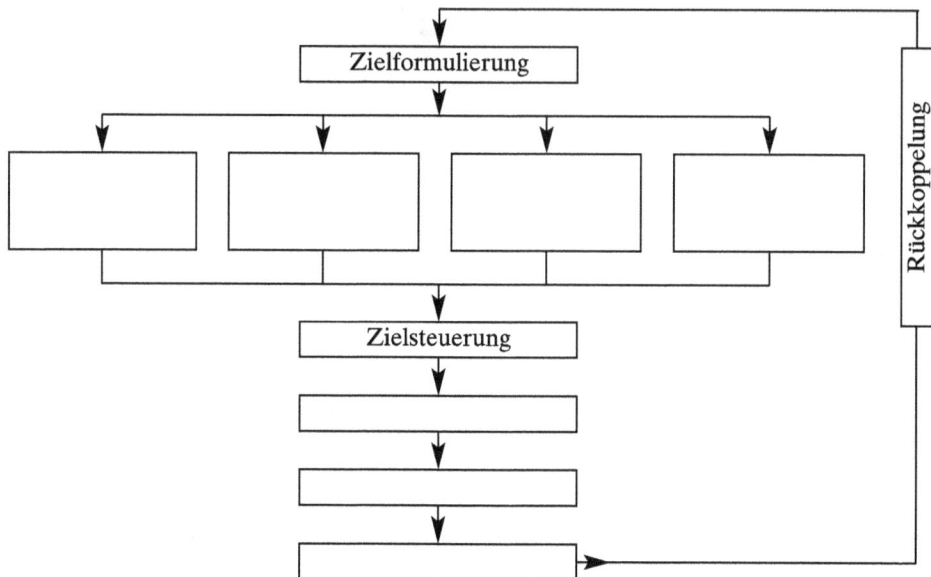

```
                    ┌─────────────────────────┐                  ┌──────────────┐
                    │    Zielformulierung     │                  │              │
                    └─────────────────────────┘                  │ Rückkoppelung│
      ┌─────────┬──────────┬──────────┬──────────┐              │              │
   ┌──────┐  ┌──────┐   ┌──────┐   ┌──────┐                     └──────────────┘
   │      │  │      │   │      │   │      │
   └──────┘  └──────┘   └──────┘   └──────┘
                    ┌─────────────────────────┐
                    │    Zielsteuerung        │
                    └─────────────────────────┘
                    ┌─────────────────────────┐
                    │                         │
                    └─────────────────────────┘
                    ┌─────────────────────────┐
                    │                         │
                    └─────────────────────────┘
                    ┌─────────────────────────┐
                    │                         │
                    └─────────────────────────┘
```

Aufgabe 3

Geben Sie bitte fünf Hauptgesichtspunkte an, die bei der Unternehmenszielsetzung im Controlling besonders zu beachten sind:

1.
2.
3.
4.
5.

2.2 Die Aufgabenstellung des Controllers

Aufgabe 1

Stimmen die in der Folge gemachten Aussagen?

	Ja	Nein
– Der Controller hat die Aufgabe, die Unternehmensziele festzulegen.	☐	☐
– Der Controller muss ein Fachmann auf dem Gebiet der Kostenrechnung sein.	☐	☐
– Er beschäftigt sich überwiegend mit steuerlichen Fragen.	☐	☐
– Er hat immer Stabsfunktion.	☐	☐

Aufgabe 2

Controlling hat folgende Funktionen zu erfüllen (bitte ergänzen Sie):

Ermittlungs- und Dokumentationsfunktion			

Aufgabe 3

Welche Arbeitsgebiete sind eindeutig beim Controller angesiedelt?

Aufgabe 4

Kreuzen Sie bitte an:

Aufgabengebiet	Aufgabe des Controllers	Mitarbeit des Controllers	Aufgabe anderer Stellen des Unternehmens
Zielsetzung			
Planung (strategisch, operativ)			
Operatives Marketing			
Revision			
Investitionsrechnung			
Nutzwertanalyse			
Portfolioanalyse			
ZBB			

Aufgabe 5

Bitte ergänzen Sie:

```
                              ┌──────────────┐
                              │  Controlling │
                              └──────────────┘
```

Ermittlungs- u. Dokumentationsfunktion	Planungs-, Prognose- u. Vorgabefunktion	Steuerungs- und Beratungsfunktion	(Selbst-) Kontrollfunktion
1. Beobachtung der Leistungsfähigkeit des Rechnungswesens 2.	1. Aufstellen des erfolgswirtschaftlich orientierten Gesamtplanes 2.	1. Laufende Beobachtung der Planungsziele 2. Erkennen von Abweichungen und Einleiten von Gegensteuerungsmaßnahmen 3. 4. Laufende Berichtserstattung 5. Zahlenmäßige Analyse für die Entscheidungsfindung und Entscheidungsunterstützung	1. Planungskontrolle (Erstellen von Teilplänen und Überprüfen auf Übereinstimmung, Realisierbarkeit, formale Richtigkeit) 2. Erfolgskontrolle/ Anleitung zur Selbstkontrolle 3. Feststellen von Abweichungen, Ursachen und Abweichungskontrolle 4.
3. Umgestaltung des Rechnungswesens entsprechend der Zielsetzung des Controlling (z.B. Profit-Center, Deckungsbeitragsrechnung) 4. 5. Sonderermittlungen (Wirtschaftlichkeitsuntersuchungen, Investitionsberechnungen, Berichterstattung, Betriebsvergleiche).	3. Koordination der verschiedenen Teilpläne 4. Beobachtung außerbetrieblicher Einflüsse und Trends 5. Engpassorientierung, Zukunftsausrichtung und Feedback- und forward-Denken (vgl. Mann)		5. Allgemeine Kontrollaufgaben (z.B. Bildung von Richtwerten).

Letztlich: Schaffung eines Informationsinstrumentariums mit der damit verbundenen Datener- und verarbeitung, das insbesondere durch laufende Steuerungs- und Kontrollinformationen (durch institutionalisierte, permanente Soll-Ist-Vergleiche) die Realisation der formulierten Unternehmungsziele sicherstellen soll.

Betriebswirtschaftliches Gewissen der Unternehmung!

Aufgabe 6

Kreuzen Sie bitte an:

Aufgabengebiet	Aufgabe des Controllers	Mitarbeit des Controllers	Aufgabe anderer Stellen des Unternehmens
Zielsetzung			
Planung, operative Planung, strategische			
Operatives Marketing			
Revision			
Investitionsrechnung			
Nutzwertanalyse			
Portfolioanalyse			
ZBB			

Aufgabe 7

Versuchen Sie, ein Anforderungsprofil in persönlicher und fachlicher Hinsicht für einen Controller zu zeichnen. Ergänzen Sie bitte:

Methodisch-fachliche Fähigkeiten	Verhaltensanforderungen
1.	1.
2.	2.
3.	3.
4.	4.
5.	5.
6.	6.

Aufgabe 8

Welche der im Folgenden aufgeführten Aussagen über den Controller scheinen Ihnen richtig?

	Ja	Nein
– Der Controller ist ein überragender Fachmann auf seinem Gebiet.	☐	☐
– Er sollte aus erkannten Fehlern und Irrtümern lernen.	☐	☐
– Er sollte sich keinesfalls eine Blöße geben und auch bei offensichtlichen Fehlern diese als sekundär einstufen.	☐	☐

	Ja	Nein
– Er muss objektiv und fair in seinen Aussagen sein.	☐	☐
– Er muss ein ausgesprochener Fachmann auf all den Gebieten sein, die er jeweils untersucht.	☐	☐
– Er muss einen hohen Informationsgrad haben und die Fähigkeit besitzen, Informationen weiterzugeben.	☐	☐
– Er muss in Einzelfällen kompromissbereit sein.	☐	☐
– Er muss Mitarbeiter motivieren können.	☐	☐
– Er muss versuchen, durch Überredung die Controllingziele zu erreichen.	☐	☐
– Er zeigt Alternativen und lässt die Betroffenen selbst entscheiden.	☐	☐
– Er geht von der Zielsetzung aus und orientiert sich ausschließlich an diesen Zielen.	☐	☐
– Er muss den Mut haben, unpopuläre Entscheidungen mitzutragen.	☐	☐
– Er darf sich von dem eingeschlagenen Weg nicht ständig abbringen lassen.	☐	☐

Aufgabe 9

Welche Hauptaufgaben muss eine Controlling-Stellenbeschreibung enthalten?

1.
2.
3.
4.
5.

Aufgabe 10

Welche Instrumente sollte der Controller (bitte in Reihenfolge der Prioritäten) in einem Unternehmen aufbauen (nicht beschreiben, nur stichpunktartig aufführen)?

1.
2.
3.
4.
5.

Aufgabe 11

Stellen Sie bitte grafisch das sogenannte Promotoren-Gespann (nach Witte, E.) dar.

3 Controlling in institutioneller Hinsicht

3.1 Einordnung des Controllers in die Unternehmungshierarchie

Aufgabe 1

Entwerfen Sie eine Matrix-Organisation in einem Großunternehmen unter Berücksichtigung des Controllings.

Aufgabe 2

Beschreiben Sie die Nachteile dieser Einordnung des Controllers in die Unternehmenshierarchie:

1.
2.
3.

Aufgabe 3

Bitte beantworten Sie folgende Aussagen:

	Ja	Nein
– Die Einordnung des Controllers in die Hierarchie ist eindeutig.	☐	☐
– Der Controller sollte möglichst der obersten Führungsspitze unterstellt sein.	☐	☐
– Die Matrix-Organisation hat sich v.a. in kleineren Unternehmen bewährt.	☐	☐
– Der Trend der Einordnung geht zur Stabsstelle.	☐	☐
– Der Bereich des Controllers sollte möglichst klein gehalten werden.	☐	☐

3.2   Controlling in Stabs- oder Linienfunktion?

Aufgabe 1

Wie wirken Sanktions- und Legitimationsmacht im Promotoren-Modell zusammen?

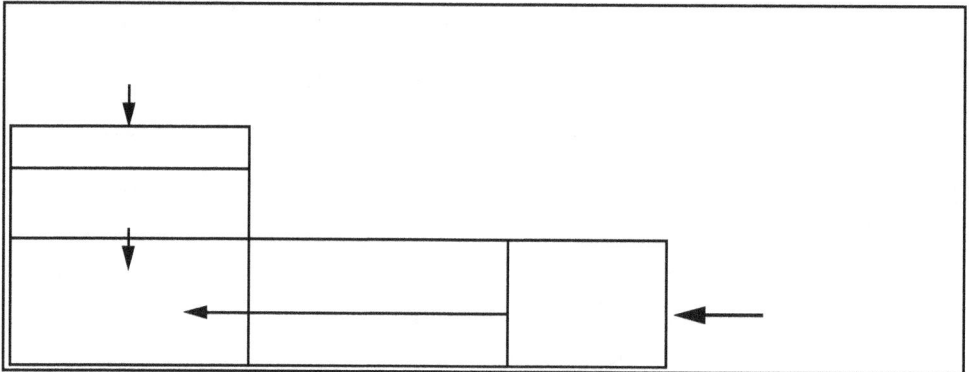

Aufgabe 2

In einer Unternehmung hat der Controller eine Stabsstelle bei der Geschäftsleitung.

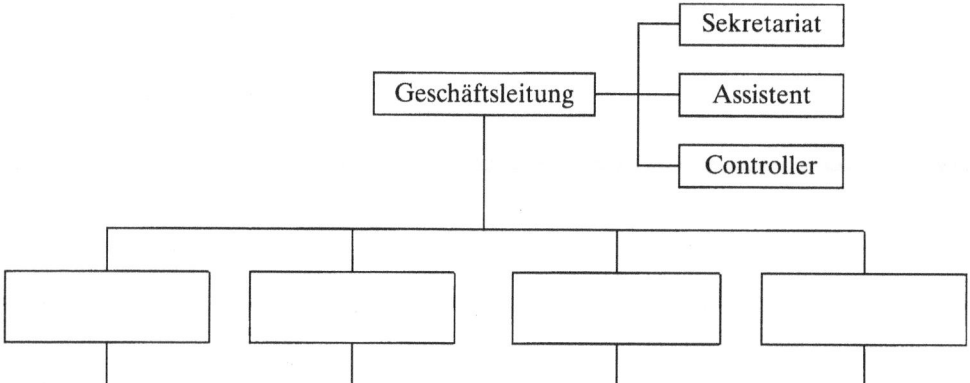

Diese durchaus mögliche Positionierung hat gewisse Nachteile. Stellen Sie diese Nachteile dar.

1.
2.
3.
4.

Aufgabe 3

Nehmen Sie kritisch zur Behauptung Stellung, dass die Controllerstelle in Stabsfunktion der sicherste Weg zum Nichtfunktionieren des Controllings sei.

1.
2.
3.
4.

3.3   Unternehmensgröße und Controlling

Aufgabe 1

Fallbeispiel: Controlling im Mittelstand

Die mittelständische Autozubehör GmbH mit 35 Mitarbeitern, einem Jahresumsatz von 10 Mio. € und einer Umsatzrendite von 0,5 % stellt hochwertige pneumatische Bauteile für Bremsen her. Dr. Schäff, Allein-Gesellschafter und Geschäftsführer, hat die Autozubehör GmbH in den letzten sechs Jahren aufgebaut und ist für die wesentlichen technischen Entwicklungen im Haus verantwortlich. Der für den Vertrieb zuständige Wolfgang Walter schlägt nun die Einrichtung einer Controllerstelle (Personalkosten inkl. Arbeitgeberanteil und Sachkosten ca. 70.000 € p.a.) vor.

Dr. Schäff zweifelt an der Notwendigkeit einer solchen Stelle. Bis jetzt sei man doch auch ohne Controller ausgekommen. Die Kosten für den Controller könnte sich die Autozubehör GmbH außerdem gar nicht leisten. Zudem bestehe durch die strengen Vorgaben des Hauptkunden Heizer AG (Anteil am Absatzvolumen: 65 %) bezogen auf die Preise ohnehin kein Spielraum in der Kalkulation – und was solle ein Controller denn sonst bringen. Wolfgang Walter solle vor allem seinen Vertrieb auf Vordermann bringen, bevor er sich in die Angelegenheiten der Geschäftsführung einmische – das sei schließlich der zentrale Erfolgshebel.

Braucht die Autozubehör GmbH einen Controller – und wenn ja, welche Aufgaben sollten dem Controller dann übertragen werden? Rechnet sich der Controller?

3.4 Abgrenzung Controlling von Finanz- und Rechnungswesen und Revision

Aufgabe 1

Worin liegen die Hauptunterschiede von Rechnungswesen und Controlling?

Controlling	Rechnungswesen

4   Planung und Budgetierung im Controlling

Aufgabe 1

Welchen Sinn hat die Planung?

Aufgabe 2

Bringen Sie bitte die im Folgenden aufgeführten Phasen des Planungsprozesses in die richtige Reihenfolge:

☐   Akzeptanz und Durchsetzungsfähigkeit
☐   Planung der Zielrealisation
☐   Prognose
☐   Kontrolle
☐   Festlegung der Ziele
☐   Informationserarbeitungsprozess

Aufgabe 3

Welche Pläne sind in der betrieblichen Praxis meist vorrangig?

Aufgabe 4

Wo liegen die Grenzen jeder Planung?

Aufgabe 5

Was bedeutet die Regel im Controlling: Umsatztrend + in der 1. Jahreshälfte, Kostentrend + in der 2. Jahreshälfte?

Aufgabe 6

Ist folgende Aussage richtig, dass bei einer guten Planung im Controlling die Abweichungen höchstens 1 % sein dürfen?

Aufgabe 7

Was sind die wesentlichen Merkmale des Zero-Base-Budgeting?

Aufgabe 8

Die Koordination der Planung kann grundsätzlich von „unten nach oben" (Bottom-up-Planung) oder von „oben nach unten" (Top-down-Planung) erfolgen.

1. Stellen Sie die Vor- und Nachteile beider Verfahren dar (Stichpunkte!).

	Vorteile	Nachteile
Top-down-Planung		
Bottom-up-Planung		

2. Welche Möglichkeiten gibt es, die Nachteile weitgehend zu vermeiden, und wie heißen diese Methoden?

Aufgabe 9

Was sind die Gefahren der Planung?

Aufgabe 10

Warum ist die Planung wichtig für Unternehmen?

Aufgabe 11

Welche Aufgaben hat der Controller im Budgetierungsprozess?

Aufgabe 12

Was sind wesentliche Kritikpunkte an der klassischen Budgetierung und Planung?

Aufgabe 13

Welche Maßnahmen können im Rahmen des „Better Budgeting"-Konzepts ergriffen werden?

Aufgabe 14

Stimmen folgende Aussagen?

	Ja	Nein
– Der Controller sollte nach der Dialog-Planung vorgehen.	☐	☐
– Bei der Koordination der Teilpläne darf sich die Planung nicht am Engpass orientieren.	☐	☐
– Die Globalpläne müssen in operative Teilpläne zerlegt werden.	☐	☐
– Die Erreichung der Teilpläne sollte auf langfristiger Basis sein.	☐	☐
– Der Controller setzt die Teilpläne autoritär durch – ohne Aufzeigen von Alternativen.	☐	☐

Aufgabe 15

Wo liegen die Grenzen jeder Planung?

Aufgabe 16

Zeigen Sie die verschiedenen Formen der Planung auf:

1.
2.
3.
4.
5.
6.
7.

Aufgabe 17

Welche Ursachen für Abweichungen gibt es?

Aufgabe 18

Planungsfehler beruhen meist auf:

	Ja	Nein
– Relevante Informationen werden nicht berücksichtigt.	☐	☐
– Prämissen über künftige Entwicklungen sind falsch.	☐	☐
– Planungsmethoden sind veraltet.	☐	☐
– Vergangenheitswerte werden zu wenig berücksichtigt.	☐	☐
– Vergangenheitswerte sind die Basis für Neuplanung.	☐	☐

5   Berichtssystem im Controlling

Aufgabe 1

Nennen Sie die Gestaltungsdimensionen für das Berichtswesen.

Aufgabe 2

Was sind wichtige Erfolgsfaktoren für das Berichtswesen?

Aufgabe 3

Welche Anforderungen müssen bei den drei Berichtstypen erfüllt sein?

1.
2.
3.

Aufgabe 4

Welche Nachteile hat ein Tabellenkalkulationsprogramm wie Excel als Berichtssoftware?

```


```

Aufgabe 5

Was versteht man unter Business Intelligence?

```


```

Aufgabe 6

Nennen Sie zentrale Fragen, die der Controller vor Erstellung eines Berichtes erarbeitet haben sollte.

```


```

Aufgabe 7

Welche Schritte sind beim Soll-Ist-Vergleich nötig?

1.	
2.	
3.	
4.	
5.	
6.	
7.	
8.	
9.	

Aufgabe 8

Welche Bausteine sollten Controllerberichte enthalten?

Aufgabe 9

Welche Funktion erfüllen Controllerberichte?

6   Kennzahlensystem des Controllers

Aufgabe 1

Die Kennzahl ROI drückt aus:

	Ja	Nein
– den Anlagendeckungsgrad	☐	☐
– die Kombination aus Umsatzrentabilität und Umschlagshäufigkeit	☐	☐
– die Produktivität	☐	☐
– die Liquidität	☐	☐

Aufgabe 2

Welche Größen erhöhen den „Cashflow"?

☐ Betriebsergebnis
☐ Deckungsbeitrag I
☐ Fixe Kosten
☐ Variable Kosten
☐ Abschreibungen
☐ Eigenkapitalzinsen
☐ Bildung von Rückstellungen
☐ Auflösung von Rückstellungen
☐ Kalkulatorischer Unternehmerlohn
☐ Sonstige, nicht ausgabenwirksame Aufwendungen
☐ Nicht einnahmewirksame Erträge

Aufgabe 3

Kennzahlen sind:

	Ja	Nein
– Beurteilungsmaßstab für den Grad der Zielerreichung	☐	☐
– Grundlagen für die Preisermittlung	☐	☐
– Analyseinstrument	☐	☐
– qualitative Risikoindikatoren	☐	☐
– Mittel der Erfolgskontrolle	☐	☐
– Instrument zur quantitativen Risikoanalyse	☐	☐

Aufgabe 4

Welche Aufgaben erfüllen Kennzahlen?

Aufgabe 5

Welche Bedeutung haben Kennzahlen?

1.
2.
3.
4.

Aufgabe 6

Welche Kriterien sind bei der Auswahl von Kennzahlen zu berücksichtigen?

Aufgabe 7

Nennen Sie beispielhaft einige spezielle Kennzahlen für die einzelnen Unternehmensbereiche:

Aufgabe 8

Als Produktivitätskennzahlen können gelten:

	Ja	Nein
– WPK-Wert	☐	☐
– Anlagendeckung	☐	☐
– Cash-Flow	☐	☐
– Pro-Kopf-Wertschöpfung	☐	☐
– Kapitalumschlag	☐	☐

Aufgabe 9

Welche Antwort trifft auf die Frage „Was ist eine Umsatzrendite?" zu?

☐   Gewinn pro Kunde
☐   Umsatz : Gewinn × 100
☐   Gewinn : Umsatz × 100

Aufgabe 10

Was ist aus der „Kapitalumschlagshäufigkeit" zu erkennen?

☐   Ob genügend Kapital vorhanden ist.
☐   Wie hoch das Fremdkapital seitens der Bank ist.
☐   Wie häufig sich das Kapital im Umsatz wiederfindet.

Aufgabe 11

a)   Wie sind die Kennzahlen für den ROI (Return On Investment) definiert?
b)   Aus welchen Größen setzt sich der Cash-Flow zusammen?
c)   Wie ist die Kennzahl für die „Deckungsbeitragsintensität" definiert?
d)   Wie ist die Kennziffer für den „Anlagendeckungsgrad" definiert?
e)   Mithilfe welcher Kennzahl definieren Sie die „Personalproduktivität"?

a)

b)

c)

d)

e)

Aufgabe 12

Ermitteln Sie aus dem folgenden Zahlenmaterial den „Return on Investment" und ergänzen Sie die Dupont-Pyramide:

– Umsatz	85.000 €
– Proportionale Kosten	30.800 €
– Fixe Kosten	34.100 €
– Grundstücke und Gebäude	11.800 €
– Maschinen und maschinelle Anlagen	10.700 €
– Warenbestände	20.500 €
– Forderungen, flüssige Mittel, sonst. Umlaufvermögen	13.600 €

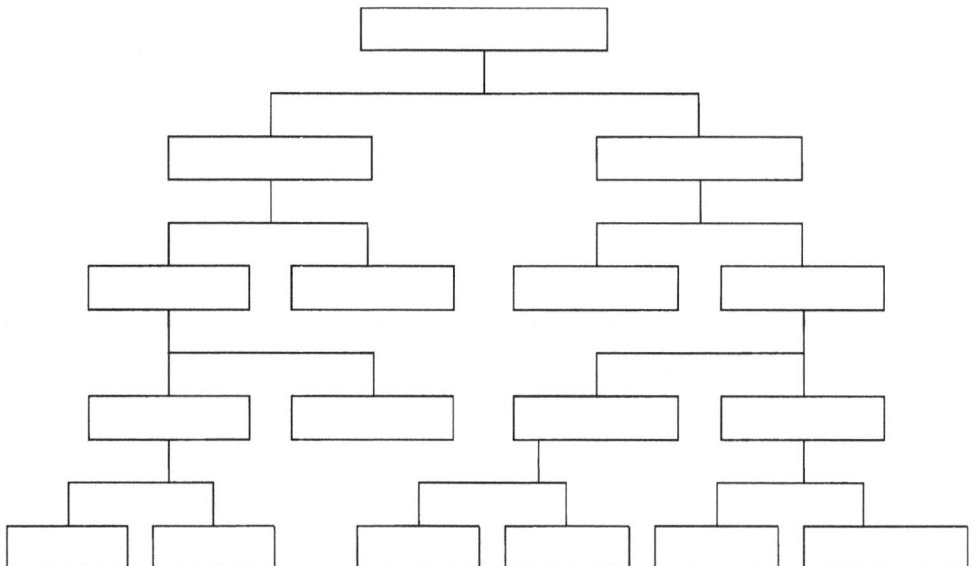

Aufgabe 13

Welche Funktionen können Kennzahlen haben?

Aufgabe 14

Welche Gefahren bestehen bei der Nutzung von Kennzahlen?

Aufgabe 15

Bringen Sie den Ablauf der Kennzahlenanalyse in die richtige Reihenfolge:
- ☐ Aktionen planen
- ☐ Sachverhalt auswählen
- ☐ Daten erheben
- ☐ Kennzahlen definieren
- ☐ Kennzahlenwerte analysieren

Aufgabe 16

Kennzahlensysteme werden unterschieden in Rechen- und Ordnungssysteme. Erläutern Sie diese Begriffe:

Rechensysteme:

Ordnungssysteme:

Aufgabe 17

Welche Standarddimensionen enthält die von Kaplan/Norton entwickelte Balanced-scorecard und welche Parameter werden für einzelne Unterziele jeweils abgebildet?

Aufgabe 18

Was ist das „Neue" am Balanced Scorecard-Konzept?

7 Kostenrechnung

7.1 Notwendigkeit, Ziele und Aufgaben der Kostenrechnung

Aufgabe 1

Aufgaben der Kostenrechnung sind:

- ☐ Kostenüberwachung
- ☐ Feststellung des Marktpreises
- ☐ Gewinnermittlung

Aufgabe 2

Die Kosten- und Leistungsrechnung:

- ☐ Ist Bestandteil des Rechnungswesens
- ☐ Ist gemäß den Vorschriften des Handels- und Steuerrechts durchzuführen
- ☐ Ist gesetzlich vorgeschrieben
- ☐ Kann als internes Rechnungswesen bezeichnet werden
- ☐ Besteht u.a. aus Betriebsabrechnung und Kalkulation

Aufgabe 3

Der Kostenrechner hat die Aufgabe:

- ☐ Entscheidungsgrundlagen für die Bereiche des Unternehmens zu liefern
- ☐ Vollkostenpreise zu erarbeiten
- ☐ Daten der Buchhaltung zu verdichten

Aufgabe 4

Führen Sie die vier Grundfunktionen der Kostenrechnung hier auf:

1.
2.
3.
4.

Aufgabe 5

Die Objektivität der Kosten:

	Ja	Nein
– bedeutet die Ausschaltung betriebsspezifischer Einflussgrößen	☐	☐
– führt zur Ausrichtung am Branchenüblichen	☐	☐
– gleicht periodenfremde Schwankungen im Wertverzehr aus	☐	☐
– konkurriert immer mit der Aktualität	☐	☐
– dient der Verbesserung der Qualität betrieblicher Entscheidungen	☐	☐

Aufgabe 6

Der betriebliche Güter- und Werteumlauf:

	Ja	Nein
– soll durch Kosten- und Leistungsinformationen optimiert werden	☐	☐
– besteht aus einem leistungswirtschaftlichen und einem gegenläu-figen finanzwirtschaftlichen Strom	☐	☐
– ist ein selbststeuernder Prozess	☐	☐
– ist im Zeitablauf Veränderungen unterworfen	☐	☐
– wird allein durch die Finanzierungsfunktion gelenkt	☐	☐

7.2   Woher kommen die Daten für die Kosten- und Leistungsrechnung?

Aufgabe 1

Was sind die Informationsquellen der KLR?

Aufgabe 2

Prüfen Sie, welche der folgenden Aussagen richtig ist:

☐ Aufwendungen und Erträge sind Begriffe der Erfolgsrechnung der Geschäftsbuchführung.

☐ Aufwendung und Erträge sind Begriffe der Kosten- und Leistungsrechnung.

☐ Kosten und Leistungen sind Gegenstand der Erfolgsrechnung der Geschäftsführung.

Aufgabe 3

Wie werden Kosten bezeichnet, denen kein Aufwand gegenübersteht?

	Ja	Nein
– Sonderkosten	☐	☐
– neutrale Kosten	☐	☐
– Zusatzkosten	☐	☐
– Hilfskosten	☐	☐
– kalkulatorische Kosten	☐	☐

Aufgabe 4

Gibt es gesetzliche Vorschriften bei der Ermittlung der Kosten durch die Kostenrechnung?

Aufgabe 5

Eine Unternehmung zahlt am 31. Dez. 2013 die Gebühren für eine Produktionslizenz für die Zeit vom 1.1. bis 30.6.2014. In der Erfolgsrechnung für das Jahr 2013 kann dieser Vorgang wie folgt berücksichtigt werden:

	Ja	Nein
– Die Gebühr wird als außerordentlicher Aufwand verrechnet.	☐	☐
– Die Gebührenzahlung wird als zeitraumfremder Aufwand verrechnet.	☐	☐
– Die Gebührenzahlung wird als „Aufwand, zugleich der Kosten der Periode" behandelt.	☐	☐

Aufgabe 6

Die Verrechnung kalkulatorischer Eigenkapitalzinsen:

	Ja	Nein
– hat in der Kostenrechnung zu unterbleiben, weil Eigenkapital nichts kostet	☐	☐
– wird nur für betriebsnotwendiges Eigenkapital vorgenommen	☐	☐
– vermindert das kalkulatorische Betriebsergebnis	☐	☐

Aufgabe 7

Zu den kalkulatorischen Kosten gehören:

	Ja	Nein
– kalkulatorischer Gewinn	☐	☐
– kalkulatorische Abschreibungen	☐	☐
– alle Zusatzkosten	☐	☐
– kalkulatorische Miete	☐	☐
– Zusatzleistungen	☐	☐

Aufgabe 8

Kalkulatorische Kosten:

	Ja	Nein
– dienen der Objektivierung der Kostenrechnung	☐	☐
– sind Zusatzkosten	☐	☐
– entsprechen dem Zweckaufwand	☐	☐
– sind Kostenarten	☐	☐
– mindern den steuerpflichtigen Gewinn	☐	☐
– erfassen z.B. den Zinsaufwand	☐	☐

Aufgabe 9

Der kalkulatorische Unternehmerlohn entspricht:

	Ja	Nein
– den Privatentnahmen	☐	☐
– dem Jahresgewinn	☐	☐
– der Verzinsung des investierten Kapitals	☐	☐
– dem Gehalt eines vergleichbaren Angestellten	☐	☐
– dem durchschnittlichen Deckungsbeitrag	☐	☐

7.3 Kostenarten-, Kostenstellen- und Kostenträgerrechnung als Basis jedes Kostenrechnungssystems

Aufgabe 1

Der Beschäftigungsgrad ist das Verhältnis zwischen

und

Aufgabe 2

Kennzeichnen Sie in folgendem Diagramm die Abszisse und die Ordinate mit der entsprechenden Dimension und zeichnen Sie in einem beliebigen Punkt die Höhe der fixen und der variablen Kosten durch geschwungene Klammern ein!

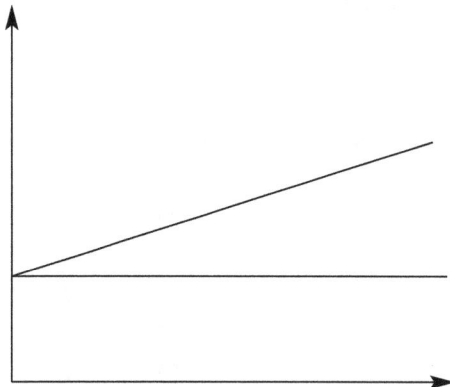

Aufgabe 3

Was ist an folgendem Satz falsch?

„Die variablen Kosten ändern sich nur, wenn der Beschäftigungsgrad kleiner wird."

Aufgabe 4

Fixe Kosten sind:

	Ja	Nein
– immer Kostenträgereinzelkosten	☐	☐
– immer Kostenträgergemeinkosten	☐	☐
– vom Beschäftigungsgrad unabhängige Kosten	☐	☐
– im BAB enthalten	☐	☐
– dem Deckungsbeitrag gleichzusetzen	☐	☐
– in ihrer Höhe langfristig exakt bestimmbar	☐	☐

Aufgabe 5

Welche Zahl gibt bei Überbeschäftigung Auskunft über das gewinngünstigste Produktionsprogramm?

	Ja	Nein
– Deckungsbeitrag je Stück	☐	☐
– Stückgewinn	☐	☐
– Deckungsbeitrag mal umgesetzte Menge	☐	☐
– Stückgewinn mal umgesetzte Menge	☐	☐
– Deckungsbeitrag je Engpasseinheit	☐	☐

Aufgabe 6

Welche Sätze stimmen?

	Ja	Nein
– Variable Kosten sind immer proportional.	☐	☐
– Proportionale Kosten sind immer variabel.	☐	☐
– Einzelkosten sind immer direkte Kosten.	☐	☐
– Gemeinkosten sind immer fixe Kosten.	☐	☐

Aufgabe 7

Die Kostenstellenrechnung hat u.a. die Aufgabe:

☐ die Gemeinkosten verursachungsgerecht auf die Kostenstellen zu verteilen

☐ die Gemeinkosten nach festen Schlüsseln auf die Kostenstelle zu verteilen

☐ die Gemeinkosten nach dem Tragfähigkeitsprinzip auf die Kostenstellen zu verteilen

Aufgabe 8

Welche Fragestellung beinhaltet die Kostenträgerrechnung?

☐   Welche Kosten sind entstanden?

☐   Wo sind die Kosten entstanden?

☐   Wer hat die Kosten zu tragen?

Aufgabe 9

Ein Betrieb kann sich an eine Veränderung der Beschäftigung umso leichter anpassen, je

☐   höher der Anteil der variablen Kosten an den Gemeinkosten ist.

☐   höher der Anteil der variablen Kosten an den Gesamtkosten ist.

☐   höher der Anteil der Gemeinkosten an den Gesamtkosten ist.

Aufgabe 10

Welche Aussage ist richtig?

☐   Einzelkosten können fixe Kosten sein.

☐   Zusatzkosten sind immer Gemeinkosten.

☐   Gemeinkosten sind immer fixe Kosten.

Aufgabe 11

Fixe Kosten sind:

☐   dem Deckungsbeitrag gleichzusetzen

☐   von der Beschäftigung unabhängig

☐   leicht abbaufähig

Aufgabe 12

Die Gesamtkosten einer Abrechnungsperiode können unterteilt werden nach den Kriterien:

☐   Abhängigkeit von der Beschäftigung in Einzel- und Fix-Kosten

☐   Zurechenbarkeit auf die Kostenträger in Einzel- und Gemeinkosten

☐   Beziehung zum Aufwand in Grundkosten und Vertriebssonderkosten

Aufgabe 13

Welcher der drei folgenden Sätze stimmt?

☐   Variable Kosten sind immer proportional.

☐   Proportionale Kosten sind immer variabel.

☐   Einzelkosten sind immer variable Kosten.

Aufgabe 14

Nach welchen Gesichtspunkten kann eine Kostenstellenbildung erfolgen?

☐   Gesetzliche Vorschriften

☐   Verantwortungsbereich

☐   Buchhaltungsorganisation

Aufgabe 15

Welche Aussage ist richtig?

☐ Die variablen Kosten ändern sich nur, wenn der Beschäftigungsgrad kleiner wird.

☐ Die variablen Kosten verändern sich bei Veränderung des Beschäftigungsgrades.

☐ Fixe Kosten sind vom Beschäftigungsgrad abhängig.

Aufgabe 16

Welche Aussage ist richtig?

☐ Ausgangsrechnungen sind Sondereinzelkosten des Vertriebs.

☐ Kosten für Sonderverpackungsmaterial sind Sondereinzelkosten des Vertriebs.

☐ Werkzeugkosten sind Sondereinzelkosten des Vertriebs.

Aufgabe 17

Fixe Kosten sind:

☐ dem Deckungsbeitrag gleichzusetzen

☐ von der Beschäftigung unabhängig

☐ leicht abbaufähig

Aufgabe 18

Tragen Sie in die Diagramme folgende Kostenverläufe ein:

Variable Kosten, sprungfixe Kosten, Fixkosten, regressive Kosten, progressive Kosten, degressive Kosten, Fixkostendegression je Stück

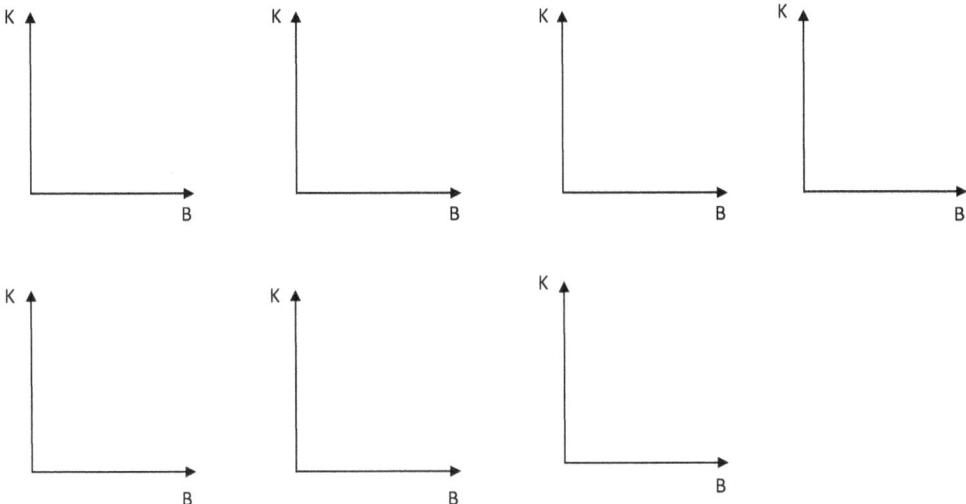

Aufgabe 19

Kostenstellenrechnung: Anbau/Stufenleiter/Verrechnungspreis-/Kostenträgerverfahren

Einer Instandhaltungskostenstelle werden Primärkosten von 5.600 € zugeordnet. Diese sollen auf die anderen Kostenstellen verrechnet werden:

Folgende Leistungsdaten liegen vor:

	Instandhaltung	Energie	Fertigung	Material	Verwaltung
Stunden	5	10	500	30	20

Die Instandhaltungsstunde wird nach den Plandaten mit 10,50 €/Std. verrechnet.

a)   Nehmen Sie eine Verrechnung nach dem Anbau- und dem Stufenleiterverfahren vor.
b)   Nehmen Sie eine Verrechnung nach dem Verrechnungspreisverfahren vor.
c)   Nehmen Sie eine Verrechnung nach dem Kostenträgerverfahren vor.

Aufgabe 20

Die Kosten- und Leistungsrechnung:

	Ja	Nein
– umfasst Kostenarten-, -stellen und Kostenträgerrechnung	☐	☐
– ist Teil der Geschäftsbuchhaltung	☐	☐
– erfolgt aufgrund der Vorschriften des Handels- und Steuerrechts	☐	☐
– ist im Dienstleistungsbereich überflüssig	☐	☐

Aufgabe 21

Das Betriebsergebnis einer Abrechnungsperiode:

	Ja	Nein
– ist die Differenz zwischen Kosten und Leistung dieser Periode	☐	☐
– ergibt zusammen mit dem neutralen Ergebnis das Gesamtergebnis	☐	☐
– wird in die Bilanz übernommen	☐	☐

Aufgabe 22

Die Gesamtkosten einer Abrechnungsperiode können unterteilt werden nach den Kriterien:

1. „Abhängigkeit von der Beschäftigung" in	-kosten	und	-kosten	
2. „Zurechenbarkeit auf die Kostenträger" in	-kosten	und	-kosten	
3. „Beziehung zum Aufwand" in	-kosten	und	-kosten	

Aufgabe 23

Direkt zurechenbare Kosten:

	Ja	Nein
– werden immer als Einzelkosten verrechnet	☐	☐
– können nur variable Kosen sein	☐	☐
– gibt es auch bei der Handelskalkulation	☐	☐
– sind z.B. das Fertigungsmaterial	☐	☐
– sind immer primäre Kosten	☐	☐

Aufgabe 24

Stimmen folgende Aussagen?

	Ja	Nein
– Einzelkosten können fixe Kosten sein.	☐	☐
– Zusatzkosten sind immer Gemeinkosten.	☐	☐
– Proportionale Kosten sind variable Kosten.	☐	☐
– Auch proportionale Kosten können Gemeinkosten sein.	☐	☐
– Alle Einzelkosten sind direkte Kosten.	☐	☐

Aufgabe 25

Die Bildung von Kostenstellen:

	Ja	Nein
– kann unter räumlichen Aspekten erfolgen	☐	☐
– ist in Einproduktbetrieben überflüssig	☐	☐
– ist Voraussetzung für die Erstellung von Betriebsabrechnungsbögen	☐	☐
– ist auch in den meisten Kleinbetrieben anzutreffen	☐	☐
– kann nach Einführung der Plankostenrechnung aufgegeben werden	☐	☐
– ist bei der einfachen Zuschlagskalkulation auf Hilfskostenstellen beschränkt	☐	☐
– erfolgt auch im Handel (nach Produkten oder Produktgruppen)	☐	☐
– führt zum Entstehen von Verantwortungsbereichen	☐	☐
– wird mit Einführung einer Deckungsbeitragsrechnung (Einzelkostenrechnung) überflüssig	☐	☐

Aufgabe 26

Die Einzelkosten einer Abrechnungsperiode:

	Ja	Nein
– werden im BAB ausgewiesen	☐	☐
– sind Basis für die Verrechnung der Gemeinkosten	☐	☐
– können kalkulatorische Kosten enthalten	☐	☐
– werden geschlüsselt den Hilfskostenstellen zugerechnet	☐	☐
– werden auch in der Aufwands- und Ertragsrechnung ermittelt	☐	☐

Aufgabe 27

Die Aufgliederung eines Betriebes in Kostenstellen:

	Ja	Nein
– ist auf Industriebetriebe beschränkt	☐	☐
– ist Voraussetzung für die Erstellung von Betriebsabrechnungsbögen	☐	☐
– wird durch eine Kostenplatzbildung verfeinert	☐	☐
– kann nach Verrichtungen erfolgen	☐	☐

Aufgabe 28

Nach welchen Gesichtspunkten kann eine Kostenstellenbildung erfolgen? Nach:

	Ja	Nein
– Umlageschlüsseln	☐	☐
– Kostenarten	☐	☐
– Räumlichen Gesichtspunkten	☐	☐
– Grundfunktionen	☐	☐
– Gesetzlichen Vorschriften	☐	☐
– Gleichen Verrichtungen	☐	☐
– Kontenrahmen	☐	☐
– Produktgruppen	☐	☐
– Personellen Gesichtspunkten	☐	☐
– Verantwortungsbereichen	☐	☐

Aufgabe 29

Welche der folgenden Schlüssel sind zur Verteilung der Stromkosten auf Fertigungsstellen geeignet?

	Ja	Nein
– Anzahl der Beschäftigten je Kostenstelle	☐	☐
– Anschlusswerte	☐	☐
– Raumgröße	☐	☐
– Gebundenes Kapital in den einzelnen Abteilungen	☐	☐
– Installierte Kilowatt	☐	☐

Aufgabe 30

Herstellkosten:

	Ja	Nein
– sind in der Zuschlagskalkulation die Basis des Gewinnzuschlages	☐	☐
– enthalten sekundäre und kalkulatorische Kosten	☐	☐
– sind die Bezugsgröße bei Errechnung des Soll-Gemeinkosten-zuschlagsatzes für die Kostenstelle Verwaltung	☐	☐
– setzen sich aus Material-, Fertigungs- und Verwaltungskosten zusammen	☐	☐
– entsprechen bei der kurzfristigen Erfolgsrechnung den Gesamt-kosten	☐	☐

Aufgabe 31

Gemeinkostenzuschlagssätze:

	Ja	Nein
– werden im Betriebsabrechnungsbogen nur zwecks Kostenkontrol-le ermittelt	☐	☐
– basieren auf der Annahme des proportionalen Verhaltens von Kostenträgergemeinkosten zu Kostenträgereinzelkosten	☐	☐
– sind zur Durchführung der Vorkalkulation erforderlich	☐	☐
– ermöglichen eine direkte Zurechnung der Gemeinkosten auf die Kostenträger	☐	☐
– werden ausschließlich auf der Basis von Einzelkosten ermittelt	☐	☐

Aufgabe 32

Die kurzfristige Erfolgsrechnung:

	Ja	Nein
– dient der Ermittlung von Angebotspreisen	☐	☐
– wird auch Kostenträgerzeitrechnung genannt	☐	☐
– vergleicht immer die in einer Periode entstandenen Selbstkosten mit den Erlösen	☐	☐
– ermittelt, bezogen auf ein Jahr, das gleiche Ergebnis wie die Ge-winn- und Verlust-Rechnung	☐	☐
– bezieht zur Ermittlung des Betriebsergebnisses Kosten und Leis-tungen ein	☐	☐

Aufgabe 33

Ein BAB hat folgende Aufgaben:

	Ja	Nein
– Verteilung der Gemeinkosten auf die Kostenstellen	☐	☐
– Errechnung der Rentabilität	☐	☐
– Umlage von Hilfskostenstellen	☐	☐

	Ja	Nein
– Umlage der Hauptkostenstelle Material	☐	☐
– Ermittlung von Zuschlagssätzen	☐	☐
– Ermittlung des Periodenaufwands	☐	☐

Aufgabe 34

Haupt- und Hilfskostenstellen unterscheiden sich dadurch, dass:

	Ja	Nein
– nur Hilfskostenstellen mit Gemeinkosten belastet werden	☐	☐
– nur Hauptkostenstellen mit kalkulatorischen Kosten belastet werden	☐	☐
– nur für die Hauptkostenstellen ein Zuschlagssatz für die Kostenträger ermittelt wird	☐	☐
– in Hilfskostenstellen anteilige Fertigungslöhne erfasst werden	☐	☐
– nur die Materialhauptstellen auf die anderen Kostenstellen umgelegt werden	☐	☐

Aufgabe 35

Eine Hilfskostenstelle:

	Ja	Nein
– wird von den Kostenträgern durchlaufen	☐	☐
– ist z.B. die „allg. Kostenstelle"	☐	☐
– wird im BAB immer umgelegt auf alle anderen Kostenstellen	☐	☐
– ist z.B. die „Fertigungshilfsstelle"	☐	☐
– sind z.B. Stromkosten	☐	☐
– entspricht einem „Kostenplatz"	☐	☐
– ist z.B. der „Vertrieb"	☐	☐

Aufgabe 36

Um bei Zuschlagskalkulation einen Angebotspreis zu ermitteln:

	Ja	Nein
– müssen Ist-Gemeinkosten bekannt sein	☐	☐
– müssen Soll-Einzelkosten festgestellt werden	☐	☐
– können Maschinenstundensätze verwendet werden	☐	☐
– müssen mögliche Sondereinzelkosten bekannt sein	☐	☐
– wird auf Basis der Herstellkosten der Gewinnzuschlag errechnet	☐	☐

Aufgabe 37

Bitte ergänzen Sie folgendes Kalkulationsschema:

1. Fertigungsstoffe
2. ....
3. ....
4. ....
5. ....
6. Fertigungskosten
7. ....
8. ....
9. Verwaltungsgemeinkosten
10. ....
11. ....
12. ....
13. ....
14. Barverkaufspreis
15. ....
16. Zielverkaufspreis
17. ....
18. Verkaufspreis

Aufgabe 38

Worin liegt der Unterschied zwischen Herstellkosten und Selbstkosten?

Aufgabe 39

Die Kostenträgerzeitrechnung (kurzfristige Erfolgsrechnung) hat die Aufgabe:

	Ja	Nein
– müssen Ist-Gemeinkosten bekannt sein	☐	☐
– müssen Soll-Einzelkosten festgestellt werden	☐	☐
– können Maschinenstundensätze verwendet werden	☐	☐
– müssen mögliche Sondereinzelkosten bekannt sein	☐	☐
– wird auf Basis der Herstellkosten der Gewinnzuschlag errechnet	☐	☐

Aufgabe 40

Materialgemeinkosten enthalten:

	Ja	Nein
– Roh-, Hilfs- und Betriebsstofflagerkosten	☐	☐
– Fertigwarenlagerkosten	☐	☐
– Kosten der Versandverpackung	☐	☐

	Ja	Nein
– Fertigungslöhne	☐	☐
– Fertigungsstoffe	☐	☐
– Materialprüfungskosten	☐	☐
– Kosten der Materialausgabe	☐	☐
– Fertigungshilfslöhne	☐	☐
– Gehälter	☐	☐
– Sondereinzelkosten	☐	☐
– Herstellkosten	☐	☐

Aufgabe 41

Die Anwendungsmöglichkeiten der einfachen Divisionskalkulation sind beschränkt auf:

	Ja	Nein
– Einproduktunternehmen	☐	☐
– Mehrproduktunternehmen	☐	☐
– Handwerksbetriebe	☐	☐

Aufgabe 42

Eine Kostenträgerrechnung:

	Ja	Nein
– ist eine Zeit- oder eine Stückrechnung	☐	☐
– ist z.B. die Divisionskalkulation	☐	☐
– kann auf dem Verursachungsprinzip basieren	☐	☐
– ist auch ohne Kostenstellenrechnung möglich	☐	☐
– wird nur für Hauptkostenträger durchgeführt	☐	☐

Aufgabe 43

Das Betriebsergebnis einer Abrechnungsperiode:

	Ja	Nein
– ist die Differenz zwischen Kosten und Leistungen dieser Periode	☐	☐
– ergibt zusammen mit dem neutralen Ergebnis das Gesamtergebnis	☐	☐
– lässt sich dem Betriebsabrechnungsbogen entnehmen	☐	☐
– wird auch in Handelsbetrieben ermittelt	☐	☐
– wird in die Bilanz übernommen	☐	☐

Aufgabe 44

Bei der Zuschlagskalkulation in der Industrie:

	Ja	Nein
– setzen sich die Herstellungskosten aus den, Kosten der Fertigung und des Vertriebs zusammen	☐	☐
– wird der Gewinnzuschlag auf die Selbstkosten bezogen	☐	☐
– ergibt die Summe aller Fertigungslöhne in den einzelnen Kostenstellen die Fertigungskosten	☐	☐
– werden die Sondereinzelkosten des Vertriebes wahlweise entweder den Herstellkosten oder nach den Selbstkosten hinzugerechnet	☐	☐

Aufgabe 45

Zuschlagskalkulation

Die Maschinenfabrik „Manuelle Robotertechnik" soll ein Angebot zur Lieferung einer Spezialmaschine abgeben. Dazu wurden folgende Informationen aus der Kostenstellenrechnung ermittelt:

Fertigungsmaterial	5.000 €
Fertigungslöhne	8.000 €
Kostenstelle 4911	
Fertigungslöhne	7.000 €
Kostenstelle 4912	

Es gelten folgende Gemeinkostenzuschläge:

Materialgemeinkosten	6 %
Fertigungsgemeinkosten	110 %
Kostenstelle 4911	
Fertigungsgemeinkosten	180 %
Kostenstelle 4912	
Verwaltungs- und Vertriebsgemeinkosten	33 1/3 %
Gewinn	12,5 %
Rabatt	20 %

Wie hoch ist der Verkaufspreis anzusetzen?

Aufgabe 46

Zuschlagskalkulation/Maschinenstundensätze

Die folgende Abbildung zeigt eine Fertigungskostenstelle, in der neben sehr teuren Maschinen auch billigere Maschinen und Handarbeitsplätze sind.

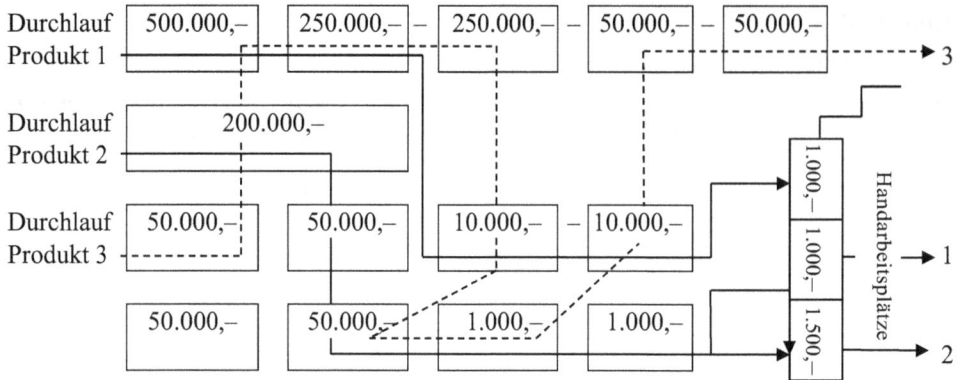

| Durchlauf Produkt 1 | 500.000,– | 250.000,– | – | 250.000,– | – | 50.000,– | – | 50.000,– | | | | → 3 |

```
Durchlauf   500.000,–   250.000,– – 250.000,– – 50.000,– – 50.000,–                    3
Produkt 1

Durchlauf       200.000,–                                                    1.000,–  Handarbeitsplätze
Produkt 2

Durchlauf   50.000,–   50.000,–   10.000,– – 10.000,–                        1.000,–         1
Produkt 3

            50.000,–   50.000,–   1.000,–    1.000,–                         1.500,–         2
```

Frage:

Kann hier mit der Zuschlagskalkulation gearbeitet werden?
Begründen Sie bitte Ihre Antwort.

Aufgabe 47

In der Kostenstelle 4711 eines Industriebetriebes ist der Maschinenstundensatz für eine Drehbank neu zu berechnen. Dazu liegen die folgenden Informationen vor:

Anschaffungswert	55.000 €
Wiederbeschaffungswert jetzt	ca. 20 % höher
Nutzungsdauer	12 Jahre
Kalkulatorischer Zinssatz	11 % p.a.
Instandhaltungskosten	4.800 € pro Jahr
Laufende Wartungskosten	10 € pro Stunde Lastlaufzeit
Werkzeugkosten	15 € pro Stunde Lastlaufzeit
Energiekosten	20 € pro Stunde Lastlaufzeit
Raumkosten	80 € pro qm im Jahr
Raumbedarf	18 qm
Löhne	30 € pro Stunde Laufzeit
Gesamtlaufzeit	2.000 Stunden im Jahr
davon Lastlaufzeit	1.500 Stunden im Jahr

Aufgabe 48

Ein Industrieunternehmen verteilt die Verwaltungskosten nach den Mitarbeiterzahlen. Welches wichtige Prinzip der KLR wird hier verletzt?

7.4 Wesensunterschiede Vollkostenrechnung und Teilkostenrechnung

Aufgabe 1

Welche dieser Größen in der Teilkostenrechnung (bitte ankreuzen) sind von zentraler Bedeutung?

☐ Gewinn
☐ Deckungsbeitrag

Aufgabe 2

Ein positiver Deckungsbeitrag bedeutet dass:

☐ Gewinn erzielt wurde
☐ die fixen Kosten nicht abgedeckt werden
☐ der Erlös der variablen Kosten übersteigt

Aufgabe 3

Entscheiden Sie, ob die in einem Werk freie Fertigungskapazität von 10 % durch die Fertigung eines zusätzlichen Produktes B ausgelastet werden sollte. Zurzeit ist das Werk mit 90 % für Produkt A ausgelastet (9.000 Stück). Der Markt kann nicht mehr als diese 90 % aufnehmen.

Bisherige Kosten, Markt- und Produktionsdaten:

Fixkosten des Werks	2.000.000 €
Variable Stückkosten Produkt A	400 €
Marktpreis je Stück Produkt A	600 €
Variable Stückkosten Produkt B	800 €
Marktpreis Produkt B	1.000 €

Kapazität des Werks: 10.000 Stück. Die Produktionsmengen der Produkte A und B sind frei kombinierbar.

Errechnen Sie das Ergebnis nach der Vollkosten- und Teilkostenrechnung.

Aufgabe 4

Die Kennzahl „Deckungsbeitrag/Engpassstunde":

	Ja	Nein
– zeigt, welcher Kostenträger den Engpass am schnellsten durchläuft	☐	☐
– erläutert, welchen DB/Stück der Kostenträger liefert	☐	☐
– zielt bei Vollbeschäftigung auf Maximierung der Deckungsbeiträge ab	☐	☐
– zielt bei Unterbeschäftigung auf Maximierung der Deckungsbeiträge ab	☐	☐

Aufgabe 5

Der Deckungsbeitrag einer Leistung ist:

	Ja	Nein
– der Brutto-Gewinn	☐	☐
– die Differenz zwischen Verkaufserlös und variablen Kosten	☐	☐
– der Netto-Gewinn	☐	☐
– die Differenz zwischen fixen und variablen Kosten	☐	☐

Aufgabe 6

Als Controller wird Ihnen folgendes Schema zur Ermittlung eines Angebotspreises vorgelegt. Wie würden Sie dieses Schema beurteilen?

	1.	Fertigungsmaterial (Material-Einzelkosten)	.... €
+	2.	Materialgemeinkosten in % des Fertigungsmaterials	.... €
=	3.	Materialkosten (= Summe 1. und 2.)	.... €
	4.	Fertigungslohn (Lohn-Einzelkosten)	.... €
+	5.	Fertigungsgemeinkosten in % des Fertigungslohnes	.... €
+	6.	Sondereinzelkosten der Fertigung	.... €
=	7.	Fertigungskosten (= Summe 4. bis 6.)	.... €
	8.	Herstellkosten (= Summe 3. und 7.)	.... €
+	9.	Entwicklungsgemeinkosten in % aus 7. oder 8.	.... €
+	10.	Verwaltungsgemeinkosten in % aus 7. oder 8.	.... €
+	11.	Vertriebsgemeinkosten in % aus 7. oder 8.	.... €
+	12.	Sondereinzelkosten des Vertriebs	.... €
+	13.	Kalkulatorische Kosten (z.B. Zinsen, Unternehmerlohn, Wagnisse…)	.... €
=	14.	Selbstkosten (= Summe 8. bis 13.)	.... €
+	15.	Gewinn in % aus 14.	.... €
=	16.	Angebotspreis (= Summe 14. und 15.)	.... €

7.5 Formen der Teilkostenrechnung

Aufgabe 1

Ein positiver Deckungsbeitrag bedeutet bei der Grenzkostenrechnung, dass:

	Ja	Nein
– Gewinn erzielt wurde	☐	☐
– die fixen Kosten voll abgedeckt werden	☐	☐
– der Erlös die variablen Kosten übersteigt	☐	☐
– die Maschinenkapazität voll ausgelastet ist	☐	☐

Aufgabe 2

Welche Verfahren gehören zur Teilkostenrechnung?

	Ja	Nein
– Deckungsbeitragsrechnung	☐	☐
– Grenzplankostenrechnung	☐	☐
– Kostenstellenrechnung	☐	☐
– Istkostenrechnung	☐	☐

Aufgabe 3

Die Deckungsbeitragsrechnung als Grenzkostenrechnung eignet sich besonders:

	Ja	Nein
– zur Entscheidung über die Annahme eines Auftrags	☐	☐
– zur Ermittlung der Selbstkosten je Einheit bei Unterbeschäftigung	☐	☐
– zur Kalkulation der Preisuntergrenze unter Konkurrenzgesichtspunkten	☐	☐
– zur Entscheidung über eine Programmbereinigung	☐	☐
– zur Auswahl von Halbfabrikaten, die fremd bezogen werden sollen, wenn die Kapazitäten voll ausgelastet sind	☐	☐

Aufgabe 4

Beispiel Grenzkostenrechnung:

Produkt	Menge	Einzelkosten/pro Stück (FM und FL)	Gemein-kosten-zuschlag (Zuschlagssatz auf FM und FL)	Fixe Kosten (Kosten der Betriebs-bereitschaft)	Verkaufspreis je Stück
	Stück	€	%	€	€
1	500	10,00	100	5.000	10
2	200	20,00	300	4.000	100
3	300	12,00	50	4.000	50
4	400	8,00	80	2.000	10
5	500	40,00	100	6.000	200

1. Wie hoch sind die Einzelkosten, die Gemeinkosten und die Gesamtkosten der einzelnen Produkte?
1. Wie hoch ist das Ergebnis je Produkt auf Basis der Vollkostenrechnung und der Grenzkostenrechnung?
2. Wie hoch sind die Grenzkosten?

[ ]

Aufgabe 5

Das folgende Schema einer Einzelkostenrechnung (Zeitrechnung) enthält 5 Fehler. Kennzeichnen Sie diese Fehler bitte eindeutig (z.B. durch einen Kreis an der entsprechenden Stelle).

Kostenträger	A	B	C
Gesamtkosten	a	b	c
– Kostenträgereinzelkosten	d	e	
Deckungsbeitrag I	g	h	i
		j	
– Kostenträgergruppeneinzelkosten		k	
Fixkosten	l	m	i
		n	
– Variable Kostenträgereinzelkosten		0	
Periodenergebnis		p	

Aufgabe 6

Wann ist die Grenzkostenrechnung der Einzelkostenrechnung vorzuziehen?

[ ]

7.6 Der höhere Informationsgehalt der Teilkostenrechnung für den Controller

Aufgabe 1

Welche Zahl gibt bei Überbeschäftigung Auskunft über das gewinngünstigste Produktionsprogramm?

	Ja	Nein
– Deckungsbeitrag je Stück	☐	☐
– Stückgewinn	☐	☐
– Deckungsbeitrag mal umgesetzte Menge	☐	☐
– Stückgewinn mal umgesetzte Menge	☐	☐
– Deckungsbeitrag je Engpasseinheit	☐	☐

Aufgabe 2

Die Gewinnschwellenanalyse:

	Ja	Nein
– dient zur Ermittlung der Leistung, die in die Gewinnzone führt	☐	☐
– ist auf Einproduktunternehmen beschränkt	☐	☐
– berücksichtigt ausschließlich die fixen Kosten	☐	☐
– dient zur Ermittlung des Vollkostenpreises	☐	☐

Aufgabe 3

Die Vollkostenrechnung hat folgende Fehler:

	Ja	Nein
– Die unterstellte Proportionalität zwischen Einzel- und Gemeinkosten ist nicht gegeben.	☐	☐
– Durch die fortschreitende Mechanisierung wird der Anteil der fixen Kosten immer kleiner.	☐	☐
– Eine verursachungsgerechte Zuordnung der Gemeinkosten auf die Kostenträger ist nicht möglich.	☐	☐

Aufgabe 4

Ein positiver Deckungsbeitrag bedeutet, dass:

	Ja	Nein
– Gewinn erzielt wurde	☐	☐
– die fixen Kosten voll abgedeckt werden	☐	☐
– der Erlös die variablen Kosten übersteigt	☐	☐
– die Maschinenkapazität voll ausgelastet ist	☐	☐

Aufgabe 5

Der Deckungsbeitrag I ist bei der Grenzkostenrechnung die Differenz zwischen

	und	

Aufgabe 6

Ist es richtig, dass:

	Ja	Nein
– immer das Produkt am meisten gefertigt werden soll, das den höchsten Deckungsbeitrag je Einheit hat?	☐	☐
– das Produktionsprogramm optimal ist, wenn die Summe aller Deckungsbeiträge und aller fixen Kosten maximal ist?	☐	☐
– beim optimalen Produktionsprogramm alle Kapazitäten voll ausgelastet sein müssen?	☐	☐
– Produkte, die keine Kapazitäten beanspruchen für das Produktionsoptimum ohne Bedeutung sind?	☐	☐

Was ist an folgendem Satz falsch?

„Die variablen Kosten ändern sich nur, wenn der Beschäftigungsgrad kleiner wird."

Aufgabe 7

Ergänzen Sie bitte die folgende Abbildung:

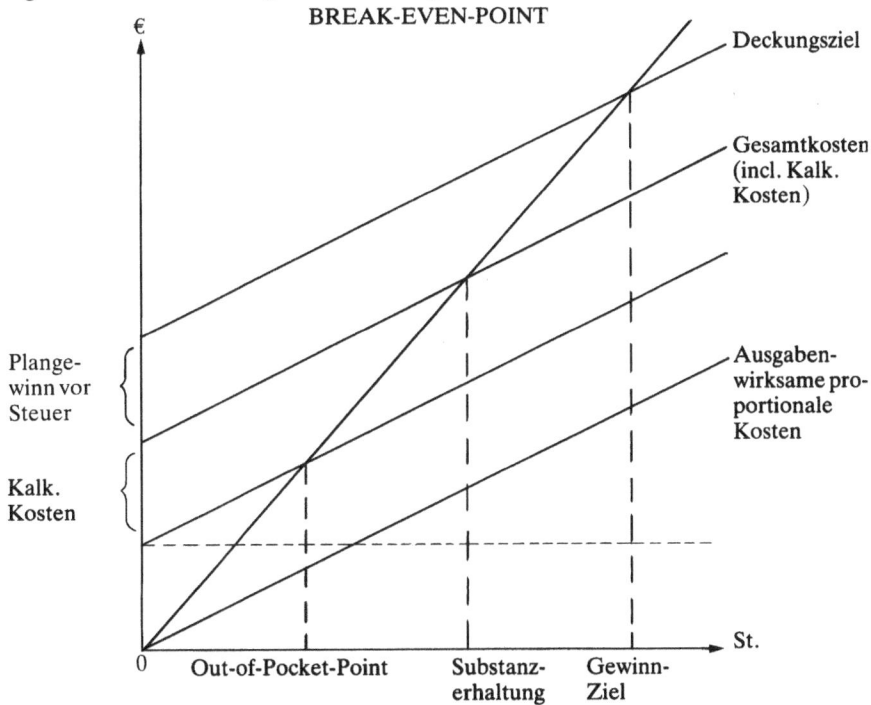

BREAK-EVEN-POINT

Aufgabe 8

Ermitteln Sie bitte:

1. den Out-of-pocket-point (angebotswirksamer Punkt)
2. den Break-even-Point der Substanzerhaltung
3. den Break-even-Point der Plangewinnerzielung, wenn der Plangewinn 500.000 € beträgt, unter Berücksichtigung folgender Kostenstrukturen des Unternehmens
    - fixe Kosten insgesamt 1.500.000 €
    - davon ausgabenwirksame Kosten 1.200.000 €
    - nicht ausgabenwirksame Kosten 300.000 €
    - Deckungsbeitrag in % vom Umsatz 40 %

Aufgabe 9

Wo liegt der Break-even-Point für den Einsatz eines Werbemittels, wenn die Kosten 120.000 € und der DBU 30 % beträgt?

Aufgabe 10

Sie wollen einen neuen Außendienstmitarbeiter einstellen, der direkte Kosten p.a. 90.000 €
verursachen wird. Aus dem Umsatz steht Ihnen ein Deckungsbeitragsanteil in Höhe von
4 % des Umsatzes für Außendienstkosten zur Verfügung. Wo liegt der Break-even-Umsatz
(in €)?

☐ 90.000 €

☐ 2,25 Mio €.

☐ 250.000 €

Aufgabe 11

Im Rahmen einer Kundendeckungsbeitrags-Analyse nehmen Sie sich vor, ausschließlich
direkt Kosten zuzurechnen. Welche gehören dazu?

☐ Werbekostenzuschuss

☐ Nationale Werbekosten der an den Kunden verkauften Produkte

☐ Anteilige Kosten des Verkaufsleiters

Aufgabe 12

Was halten Sie von der folgenden Aussage: „Die vom administrativen Verkaufsinnendienst
verursachten Personalkosten werden dem einzelnen Produkt direkt zugerechnet"?

☐ Diese Aussage ist falsch.

☐ Diese Aussage ist richtig.

Aufgabe 13

Nicht aus vertriebsstrategischer, sondern aus rein rechnerischen Sicht beurteilen Sie bitte die
Richtigkeit der folgenden Aussagen: „Der Kunde muss selektiert werden",

☐ wenn er die Vollkosten nicht deckt.

☐ wenn er unterhalb eines normalen Deckungsbeitrages von (z.B.: 20 % liegt).

☐ wenn er keinen positiven Deckungsbeitrag bringt.

Aufgabe 14

Wenn Sie eine Deckungsbeitragskalkulation für einen Außendienstmitarbeiter machen, dann
beziehen Sie welche der nachstehenden Kosten ein?

☐ Provision des Vertriebsmitarbeiters

☐ Miete der regionalen Niederlassung

☐ Nationale Werbeaufwendungen

Aufgabe 15

Zu den Erkenntnissen einer Kunden-Deckungsbeitragsanalyse gehören die folgenden Sachverhalte:

☐ Wachstumspotenzial des Kunden

☐ Kundenrentabilität

☐ Bonität des Kunden

Aufgabe 16

Welche Definition des Begriffes „kurzfristige Preisuntergrenze" ist zutreffend?

☐ Preis, bei dem der Nettoverkaufspreis gerade die variablen Stückkosten des Erzeugnisses deckt

☐ Preis, bei dem der Bruttoverkaufspreis gerade die variablen Stückkosten des Erzeugnisses deckt

☐ Preis, bei dem der Bruttoverkaufspreis gerade die fixen Stückkosten des Erzeugnisses deckt

Aufgabe 17

Welche Aussage ist richtig?

☐ Die Vollkostenrechnung zeigt die tatsächliche Kostenstruktur eines Betriebs.

☐ Die Vollkostenrechnung verletzt das Kostenverursachungsprinzip.

☐ Die Vollkostenrechnung ist das aussagefähigste Kostenrechnungsverfahren.

Aufgabe 18

Wo ist die Deckungsbeitragsrechnung notwendig?

☐ Steuerung und Beurteilung von Verkaufsleitern
☐ Beurteilung von Artikeln
☐ Für Personalentscheidungen

Aufgabe 19

Ist es richtig, dass

☐ immer das Produkt mit dem höchsten Gewinn laut Vollkostenrechnung gefertigt werden soll?

☐ die Deckungsbeitragsrechnung bei der Bestimmung des Produktionsoptimums aussagefähige Informationen liefert?

☐ die Vollkostenrechnung am besten eine Steuerung des Produktionsprogramms erlaubt?

Aufgabe 20

Fallstudie: Mehrumsatz durch Preissenkung

Ein Krawattenhersteller hat einen Großabnehmer, der bisher Krawatten und Einstecktücher kaufte.

Produkt I: Krawatten	
bisheriger Jahresumsatz	100.000 €
Menge	= 5.000 Stück
DB	40 %
Produkt II: Einstecktücher	
bisheriger Jahresumsatz	80.000 €
Menge	= 8.000 Stück
DB	20 %

Fragen:

1. Der Kunde wäre bereit, bei den Krawatten den Umsatz mit uns zu erhöhen, wenn wir einen Preisnachlass von 5 % gewähren würden. Wo liegt der kritische Umsatz?

2. Gleichzeitig teilt uns der Kunde mit, dass er Einstecktücher in Hongkong um 8 € pro Stück einkaufen könnte. Er möchte aber die langjährigen Geschäftsbeziehungen nicht abbrechen, ohne uns die Chance eines neuen Angebots zu geben. Wir wollen den Kunden aus strategischen Gründen keinesfalls verlieren und wollen deshalb bis zur Preisuntergrenze HK gehen. Wo liegt die Preisuntergrenze? Welche anderen Preisuntergrenzen wären noch möglich?

Aufgabe 21

Die Firma Montax hat für Kläranlagen einen neuen Drehfilter entwickelt. Die maximale Produktionskapazität liegt zurzeit bei 5.000 Stück im Jahr. Eine Kostenanalyse zeigt bei unterschiedlichen Beschäftigungsgraden folgende Werte (Unterstellung von proportionalem Kostenverlauf):

Auslastung	Gesamtkosten
50 %	5.150.000 €
75 %	7.350.000 €
90 %	8.670.000 €

Als Verkaufspreis wird vom Vertrieb, der eine genaue Marktanalyse gemacht hat, ein Preis von 2.900 € empfohlen.

a) Ermitteln Sie rechnerisch die Gewinnschwelle sowie den maximalen Gesamtgewinn. Da sich der Drehfilter sehr gut verkauft, stellt der Controller der Firma Montax Überlegungen an, die Kapazität um 3.000 Stück zu erhöhen. Der Verkaufspreis musste aufgrund von Wettbewerbsangeboten allerdings bereits um 30 % gesenkt werden. Die Erweiterung der Kapazität verursacht einen Fixkostenanstieg von 890.000 €.

b) Beurteilen Sie die Veränderung der Gewinnschwellenmenge.

c) Soll der Controller die Kapazitätserweiterung empfehlen?

d) Wegen der steigenden Konkurrenz rechnet der Controller nur mit einem Marktanteil, der maximal 80 % der neuen, erhöhten Gesamtkapazität von insgesamt 8.000 Stück auslastet. Bestimmen Sie die kurzfristige und langfristige Preisuntergrenze.

Aufgabe 22

Was ist der Unterschied zwischen dem Substanzerhaltungspunkt und dem Out-of-pocket-Point (Punkt, bei dem die ausgabewirksamen Kosten gerade noch gedeckt sind)?

Aufgabe 23

Die Produktion wird im ersten Jahr voll ausgelastet, d.h. es fallen in der Produktionsabteilung Kosten in Höhe von 5.550.000 € an, die sich wie folgt aufteilen:

–	Materialkosten	2.200.000 €
–	Fertigungslöhne	2.500.000 €
–	Sonst. var. Fertigungskosten	300.000 €
–	Gehälter	100.000 €
–	Abschreibungen	450.000 €

Insgesamt werden 10.200 Arbeitsstunden geleistet. Mit dieser Arbeitsbelastung und den gleichen Kostenansätzen plant der Controller auch das Jahr 2. Zum Abschluss des zweiten Jahres erhebt er die IST-Daten (Jahr 2) und stellt bei einer Arbeitsleistung von 9.900 Stunden Gesamtkosten von 5.250.000 € fest.

a) Ermitteln Sie die Verbrauchs- und Beschäftigungsabweichung für die Produktionsabteilung!
b) Berechnen Sie für die Ist-Beschäftigung die Nutz- und die Leerkosten.
c) Interpretieren Sie die festgestellten Beschäftigungs- und Verbrauchsabweichungen!

Aufgabe 24

Errechnen Sie den Gewinnschwellenpunkt aufgrund folgender Angaben:

–	Umsatzerlöse	2,0 Mio. €
–	Direkte Materialkosten	1,1 Mio. €
–	Zurechenbare Personalkosten	0,2 Mio. €
–	Gehaltskosten	0,4 Mio. €
–	Versicherungsbeiträge	0,1 Mio. €
–	Kfz-Kosten	0,1 Mio. €
–	Reisekosten	0,1 Mio. €
–	Sonstige Gemeinkosten	0,1 Mio. €
–	Sondereinzelkosten des Vertriebs	0,2 Mio. €

Aufgabe 25

Sie verkaufen ausschließlich über den Fachhandel, der die Produkte in der Regel mit einem Aufschlagsfaktor von 1,5 (= Verkaufspreis ohne Mehrwertsteuer) kalkuliert.

Ein preisaggressiver Händler kalkuliert nur mit 2.000 € pro Stück mit einem Aufschlagsfaktor von 1,3.

Frage:

Wie viel Prozent mehr muss er verkaufen, wenn er den gleichen Rohertrag wie die anderen Händler haben möchte?

Aufgabe 26

Fallbeispiel spezifischer DB:

Welche Produktgruppen würden Sie als Unternehmer für kurzfristig förderungswürdig erachten unter folgenden unterschiedlichen Entscheidungsprämissen?

1. In allen Unternehmensbereichen sind ausreichend Kapazitäten frei und ausreichend finanzielle Mittel vorhanden.
2. Es besteht in der Druckerei ein Engpass in der Maschinenkapazität.

3. Die Lagerkapazität ist beschränkt und kann durch Auswärtsverlagerung usw. nicht ausgedehnt werden.
4. Was ist der spezifische DB?

Erstellen Sie jeweils eine Reihenfolge der Förderungswürdigkeit der einzelnen Produktgruppen unter Berücksichtigung der folgenden Zahlenangaben:

Produkt	Tragebeutel	Industriesäcke	Schwerguts. Säcke
Umsätze	45 Mio.	70 Mio.	35 Mio.
Mengenprop. Kosten	25 Mio.	40 Mio.	10 Mio.
Davon Materialkosten inkl. Fremdbezug	18 Mio.	35 Mio.	8 Mio.
Zurechenbare fixe Kosten	2,5 Mio.	3 Mio.	0,5 Mio.
Beanspruchung der Druckerei	500 h	1.000 h	900 h
Durchschnittl. Lagerdauer	30 Tage	60 Tage	45 Tage

Aufgabe 27

Eine Kette bietet an, Ihren Wettbewerber (bisheriger Umsatz 1 Mio. €) auszulisten. Bisher haben Sie mit der Kette einen Umsatz von 0,5 Mio. € erzielt bei einer Rabatteinräumung von 5 %. Die Kette verlangt allerdings eine Einmalzahlung von 20.000 € und einen „Umsatzerhöhungsrabatt" von zusätzlich 2 %. Bisher hatten Sie bei Berücksichtigung von 5 % Rabatt einen DBU von 20 %.

Frage:

Wo liegt der Break-even-Point für dieses Zusatzgeschäft?

Aufgabe 28

Sie bieten einem Großhändler an:

Verkaufspreis	10 €
Nettospanne	20 %
Absatz	10.000 Stück

Es liegt ein Konkurrenzangebot vor:

Verkaufspreis	6 €
Nettospanne	30 %

Frage:

Wie viel Stück muss der Großhändler verkaufen, um den gleichen Rohertrag in € wie bei Ihnen zu erreichen?

Aufgabe 29

Unser Unternehmen verkauft Küchenfliesen an einen Fliesengroßhändler, der angeblich folgenden Angebotsvergleich aufgestellt hat:

Konkurrenzangebot:	17,50 € je m² und 4 % Bonus
Unser Angebot:	18 € je m² und 3 % Bonus

Unser in Seminaren geschulte ADM „hinterfragte" und kam zu folgender tatsächlicher Situation:

Konkurrenzangebot: 17,50 € je m² bei Mindesteinkaufsvolumen von 200.000 € (nur
                          dann 4 % Jahresbonus)

Unser Angebot: 18 € je m² und 3 % Bonus bei 100.000 € Mindesteinkaufsvolumen

Welches Angebot ist tatsächlich „preiswerter"?

Aufgabe 30

Preis und Konditionenkalkulation

Sie sollen Ihren Vertriebsmitarbeiter Japels bei einem aktuellen Angebot an den Großkunden
Vario unterstützen.

a) Es geht um den Verkauf einer Sondercharge Apfelsaft, bei der üblicherweise ein DB von
    30 % (vom Nettoerlös) erzielt wird. Der Kunde Vario ist aber nur bereit, den Apfelsaft
    abzunehmen, wenn er einen Sonderrabatt von 10 % erhält. Um welche Menge müsste
    der Absatz bei diesem Kunden mindestens gesteigert werden, damit der DB des Kunden
    insgesamt nicht schlechter wird?

b) Außerdem möchte Herr Japels dem Kunden Smoothies als Neuprodukteinführung ver-
    kaufen, die vor allem aufgrund der höheren Handelsspanne für Vario sehr attraktiv sind.
    Aus Gesprächen weiß er, dass Vario mit einem Handlungskostenzuschlag von 25 % ar-
    beitet und in diesem Produktsegment einen Gewinnzuschlag von 10 % kalkuliert. Die
    Smoothies sollen zu einem Einstandslistenpreis von netto 2,00 € an Vario verkauft wer-
    den, der Standardrabatt von Vario beträgt 8 %. Als Ladenverkaufspreis ist ein Preis von
    3,50 € (inkl. MWSt) geplant. Berechnen Sie die Bruttohandelsspanne.

Aufgabe 31

Was fällt Ihnen bei der nachstehenden Deckungsbeitragsrechnung auf und welche Konsequenzen würden Sie daraus ziehen?

	Produktgruppe A		Produktgruppe B	
	A 1	A 2	B 1	B 2
Nettoerlöse	120.000	150.000	200.000	120.000
./. Materialaufwand	30.000	60.000	70.000	60.000
= **Rohertrag**	**90.000**	**90.000**	**130.000**	**60.000**
./. Sonstige variable Kosten	60.000	100.000	70.000	60.000
= **Deckungsbeitrag 1**	**30.000**	**–10.000**	**60.000**	**0**
= DB 1 Produktgruppen	20.000		60.000	
./. Kosten Produktgruppe	15.000		20.000	
= **DB 2 Produktgruppen**	**5.000**		**40.000**	
= **DB 2 Unternehmen**	**45.000**			
./. Verwaltungskosten	25.000			
= **Unternehmensergebnis**	**20.000**			

Aufgabe 32

Ein Unternehmen hat neben anderen Geschäftsbereichen einen Geschäftsbereich Vertrieb Buch und vertreibt Bücher über zwei unternehmenseigene Buchhandlungen sowie über das Internet. Der Wareneinsatz beläuft sich auf 60 %. Die Vertriebsleitung hat einen zusätzlichen Werbeetat von 100.000 €, an sonstigen Kosten fallen für Vertriebsleitung und Innendienst 150.000 € an. In den Buchhandlungen werden von 8 Mitarbeitern (Personalkosten 300.000 €) 120.000 Bücher zu einem Durchschnittspreis von 15 € verkauft. Im Buchhandel finden regelmäßig Verkaufsaktionen durch Autorenlesungen statt, deren Kosten sich auf 20.000 € belaufen. Bezahlt werden die Bücher in der Regel bar, sodass im Schnitt pro verkauftes Buch eine Kreditkartenabwicklung von 1 % anfällt.

Beim Vertrieb über das Internet gibt der Kunde seine Personal- sowie seine Kreditkartennummer an. Die Kreditkartenabrechnungsstellen verlangen eine Gebühr von 2 %. Bücher werden zu einem Durchschnittspreis von 10 € vertrieben mit einer Absatzmenge von 35.000. Frachtkosten werden vom Unternehmen getragen und belaufen sich insgesamt auf 25.000 €. Die Auftragsabwicklung übernimmt ein Mitarbeiter mit Kosten von 30.000 €.

Der Vertriebscontroller erstellt eine Deckungsbeitragsrechnung, weil er gerne wissen möchte, ob der Vertrieb über das Internet inzwischen ertragreicher geworden ist und welche Vertriebsform er in Zukunft forcieren soll. Die Personalkosten, Kreditkartenprovision und Verkaufsförderkosten können den Vertriebskanälen direkt zugeordnet werden. Werbe-, Innendienst- und Vertriebsleitungskosten werden nicht auf die Vertriebskanäle verrechnet.

Aufgabe 33

Die Vertriebsleitung kann mit dieser Vertriebserfolgsrechnung erkennen, dass der Internetverkauf inzwischen geringfügig höhere Deckungsbeiträge bezogen auf den Bruttoumsatz erzielt. Bei einer Entscheidung über die Verteilung der Ressourcen, die in diesem Beispiel angesprochen wurde, sollten aber zusätzliche Parameter berücksichtigt werden, insbesondere müssen künftige Marktpotenziale für die beiden dargestellten Vertriebsformen analysiert werden.

Ein Unternehmen der Konsumgüterbranche überlegt, seine Produkte auch über Drogeriemärkte zu vermarkten. Dabei geht die Vertriebsleitung davon aus, dass die bisherigen Absatzkanäle kaum kannibalisiert werden. Es wird mit einem Nettoumsatzvolumen von 2 Mio. € gerechnet. Die Herstellungskosten für die Produkte belaufen sich auf 1,3 Mio. €, Frachtkosten in Höhe von 200.000 € werden anfallen. Für die Betreuung dieses Bereiches muss ein Key Accounter eingestellt werden, der 150.000 € kostet. Vorgespräche mit den Drogeriemärkten haben ergeben, dass Verkaufsfördermaßnahmen in Höhe von mindestens 250.000 € notwendig sind, um eine Listung zu erhalten.

Berechnen Sie die Deckungsbeiträge I und II für diesen neuen Absatzkanal.

Aufgabe 34

Der Vertriebscontroller hat in einem Zweigproduktunternehmen eine Deckungsbeitragsplanung mit Detailplanungen für Absatz und Preisen pro Produkt erstellt. Als umsatzabhängige Kosten hat er Vertreterprovision und Verkaufsförderung geplant, sodass er mit einem Plan-DB von 700.000 € rechnet.

Planwerte			
	Produkt 1	Produkt 2	Gesamt
Absatz	200.000	250.000	450.000
Nettopreis	2,50	2,00	
Umsatz	500.000,00 €	500.000,00 €	1.000.000,00 €

Variable Kosten

Umsatzprovisionen Handelsvertreter (10 %)	100.000,00 €
Verkaufsförderung (20 %)	200.000,00 €
Deckungsbeitrag	700.000,00 €

Am Geschäftsjahresende nimmt er die Ist-Daten auf und ist sehr erfreut, der Deckungsbeitrag liegt im Ist bei 1.000.000 €.

Istwerte			
	Produkt 1	Produkt 2	Gesamt
Absatz	250.000	500.000	750.000
Nettopreis	2,00 €	2,00 €	
Umsatz	500.000 €	1.000.000 €	1.500.000,00 €

Variable Kosten

Umsatzprovisionen Handelsvertreter	180.000 €
Verkaufsförderung	320.000 €
Deckungsbeitrag	1.000.000 €
Gesamte Deckungsbeitragsabweichung	**300.000 €**

Dennoch erstellt er eine detaillierte Abweichungsanalyse von Umsatz und Kosten.

Die Umsatzabweichung liegt bei 500.000 €, vor allem getragen von der Absatzmengenabweichung. Der Absatzmix wie auch der durchschnittliche Absatzpreis sind geringer als erwartet.

Bei den Kosten weiß er, dass aufgrund von Nachverhandlungen die Vertreterprovisionen um
2 %-Punkte auf 12 % erhöht wurden. Da die Umsätze gestiegen sind, ermittelt er zunächst,
welchen Teil der Kostenerhöhung er nicht durch die Umsatzsteigerung erklären kann. Bei der
Restabweichung von 50.000 € registriert er zum einen eine Preisabweichung in Höhe von
30.000 €, zum anderen aber um 20.000 € höhere Verkaufsfördermaßnahmen, als dem Vertrieb laut Planung zugestanden hätten.

Sind die Berechnungen richtig?

Aufgabe 35

Der Vertriebscontroller hat in einem Zweiproduktunternehmen die Plan- und die Istzahlen für Absatz, Preise und Umsätze vorliegen.

Absatz- und Umsatzplanung

	Produkt 1	Produkt 2	Gesamt
Absatz	150	250	400
Nettopreis	2,50 €	2,00 €	
Umsatz	375,00 €	500,00 €	875,00 €

Istwerte

	Produkt 1	Produkt 2	Gesamt
Absatz	250	250	500
Nettopreis	2,00 €	2,00 €	
Umsatz	500,00 €	500,00 €	1.000,00 €

Berechnen Sie Absatzpreis und Absatzvolumen!

Aufgabe 36

Die klassische Zuschlagspreiskalkulation lässt sich an folgendem Zahlenbeispiel verdeutlichen. Ein Unternehmen stellt eine Kleinmaschine her und hat dabei Materialkosten in Höhe von 200 € und Fertigungslöhne in Höhe von 600 €. Durch die Kostenrechnung wurden an Zuschlagssätzen für Materialgemeinkosten 110 %, Fertigungsgemeinkosten 101 %, Verwaltungsgemeinkosten 10 % und Vertriebsgemeinkosten 6 % ermittelt. Es wird ein Gewinnaufschlag von 5 % verwendet.

Berechnen Sie den Preis – welche Problematik hat die Zuschlagskalkulation?

Aufgabe 37

Ein Kunde verlangt einen zusätzlichen Rabatt von 5 %, der bisherige Deckungsbeitrag liegt bei 20 % des Verkaufspreises. Gemäß der Formel ergibt sich eine notwendige Absatzsteigerung von 4 %/(20 % − 16 %) = 25 %, d.h. wenn bisher 1.000 Stück mit einem Preis von 1 € zu einem Deckungsbeitrag von 200 € verkauft wurden, müssen in dem genannten Beispiel bei einem neuen Deckungsbeitrag von 16 % (20 % − 4 %) 1.250 Stück bzw. 25 % mehr Stück verkauft werden, um den bisherigen Deckungsbeitrag beizubehalten.

Daraus kann im Vertriebscontrolling eine für den Vertrieb hilfreiche Tabelle erstellt werden, welche die Abhängigkeiten zwischen Rabattvergabe in % und Deckungsbeitrag in % des Verkaufspreises darstellt.

Aufgabe 38

Ein Unternehmen verkauft in einer Produktgruppe die Artikel X und Y. Für den Artikel X wird ein Erlös von 5,50 € bei einem Absatz von 1.000 Stück, für Y von 4,50 € bei einem Absatz von 2.000 Stück erzielt. Die variablen Artikelkosten liegen bei 2,20 € (Artikel X) und 1,70 € (Artikel Y). Für den Produktgruppenverantwortlichen fallen Kosten in Höhe von 3.000 € an.

a) Ermitteln Sie die Deckungsbeiträge und die Stückdeckungsbeiträge für die beiden Artikel X und Y sowie den Deckungsbeitrag der Produktgruppe.

b) Ermitteln Sie den Break-even-Point für Artikel X, wenn die gesamten Fixkosten für X bei 5.000 € liegen.

c) Um wie viel % muss der Absatz von X gesteigert werden, wenn der Außendienstmitarbeiter Werner seinem Großkunden einen Rabatt von 10 % einräumen will, der Gesamtdeckungsbeitrag aber sich nicht verändern soll?

Aufgabe 39

Es soll ein zusätzlicher Außendienstmitarbeiter eingestellt werden. Die Kosten hierfür würden 125.000 € p.a. betragen

DBU beträgt voraussichtlich 25 %.

Wäre diese Einstellung vom kostenrechnerischen Standpunkt vertretbar, wenn der Jahresumsatz mindestens 600.000 € beträgt?

Aufgabe 40

Einem Unternehmen werden zwei Zusatzaufträge A und B angeboten, es kann jedoch nur ein Auftrag ausgeführt werden. Die Kalkulationsabteilung nennt folgende Kosten:

	A	B
Einzelkosten	100 €	200 €
variable Kosten	80 €	150 €

Der Gemeinkostenzuschlagssatz im Unternehmen beträgt 200 %; der Erlös beläuft sich für A auf 300 € und für B auf 400 €.

Fragen:

1. Welcher Auftrag müsste nach der Vollkostenrechnung vorgezogen werden?
2. Welcher Auftrag wäre nach der Deckungsbeitragsrechnung vorzuziehen?

Aufgabe 41

Produkteinführung
Würden Sie das folgende Produkt empfehlen einzuführen, wenn folgende Zahlen vorliegen:
Dem Produkt direkt zuordenbare Fixkosten 100.000 €
Deckungsbeitrag pro Stück 5 €
Geplante Menge lt. Verkaufsplan 10.000 Stück

Welche Menge müsste Ihrer Meinung nach mindestens abgesetzt werden?

Aufgabe 42

Werbebudget
Eine Werbeagentur sagt bei einem zusätzlichen Werbebudget von 100.000 € eine Umsatzsteigerung von 250.000 € bei einer speziellen Produktgruppe zu.
Diese Produktgruppe hat einen DBU von 20 %.

Würden Sie dieses zusätzliche Werbebudget befürworten?

Aufgabe 43

Produkteinführung
Der Stückerlös für ein Produkt beträgt 20 €. Bei welcher Stückzahl wird die Gewinnschwelle erreicht, wenn die gesamten Fixkosten 3.000 € und die variablen Stückkosten 14 € betragen?

Aufgabe 44

Werbekosten
Die zusätzlichen Werbekosten für eine Verkaufsförderungsaktion betragen 60.000 €. Der DBU beträgt 30 %. Bisher war der Break-even-Point erreicht. Welcher Zusatzumsatz ist erforderlich, um wieder den Break-even-Point zu erreichen?

Aufgabe 45

AD-Mitarbeiter
Die Kosten eines AD-Mitarbeiters betragen 120.000 €. Der DBU beträgt 30 %. Ab welchem Punkt werden die zusätzlichen Kosten für den AD-Mitarbeiter hereingespielt?

Aufgabe 46

Die Geschäftsleitung eines Unternehmens überlegt zu exportieren. Entscheiden Sie, ob man in das Exportgeschäft eintreten sollte oder nicht.
Der Kostenrechner (Vollkostenrechnungssystem) legt dazu folgende Zahlen vor:

	in 1.000	
	bisher	mit Export
Umsatzerlöse	1.000	1.200
Fertigungslöhne	200	250
Materialkosten	300	360
Betriebsgemeinkosten	400	450
Verwaltungskosten	80	100
Exportfracht/Zölle/Verpackung	–	100
Marketing/sonst. Vertriebskosten	–	80
Gewinn	20	–140

Der Kostenrechner prophezeit einen Gewinnrückgang und rät vom Export ab. Hat er damit recht?

(Leeres Kästchen)

Aufgabe 47

Produktprogrammgestaltung

Würden Sie empfehlen, alle Produkte zu fertigen?

	Produkt 1	Produkt 2	Produkt 3	Gesamt
Verkaufte Menge im Stück	40.000	50.000	10.000	10.0000
Nettoumsatz in €	40.000	60.000	20.000	120.000
- Einstandskosten	20.000	40.000	8.000	
= Deckungsbeitrag I – direkte Vertriebskosten	8.000	10.000	4.000	
= Deckungsbeitrag II € in %				
– Werbung/Verkaufsförderung	4.000	12.000	5.000	
Deckungsbeitrag III				
Fixkosten € des Sortiments	–	–		4.000
			Sparten €	

(Leeres Kästchen)

Aufgabe 48

Sortimentsbereinigung

Dem Chef eines Unternehmens werden sechs Wochen vor Ablauf eines Geschäftsjahres folgende Zahlen als voraussichtliches Ergebnis vorgelegt:

	Erlöse	Vollkosten
Produkt A	150.000	140.000
Produkt B	280.000	250.000
Produkt C	200.000	210.000

Der Leiter der Kostenrechnung schlägt vor, Produkt C in der nächsten Periode nicht mehr herzustellen. Der Leiter des Verkaufs wendet sich gegen diesen Vorschlag, weil im kommenden Jahr mit folgenden Umsatzerhöhungen (Erhöhung der Verkaufsmengen) bei gleichen Preisen zu rechnen ist, die ohne Kapazitätserhöhung erreicht werden können:

	Umsatzsteigerung
Produkt A	25 %
Produkt B	20 %
Produkt C	30 %

Der Verkaufsleiter weist außerdem noch auf die durch den Mehrumsatz entstehende Fixkostendegression hin. Auf Vorschlag des Direktionsassistenten wird eine Kostenanalyse für die abgelaufene Periode durchgeführt, die nach 3 Tagen folgendes Ergebnis bringt:

proportionale Kosten		spez. Fixkosten	allg. Fixkosten
Produkt A	110.000	10.000	
Produkt B	210.000	–	51.000
Produkt C	190.000	29.000	

Von den spezifischen Fixkosten fallen 50 % weg, wenn die Produktion der betreffenden Produkte eingestellt wird.

Welche Entscheidung bringt in der folgenden Periode den höheren Gewinn und wie hoch ist dieser nach der Deckungsbeitragsrechnung?

7.7   Die Prozesskostenrechnung

Aufgabe 1

Wie wird der Prozesskostensatz ermittelt?

Aufgabe 2

Gründe für die Entwicklung der Prozesskostenrechnung sind:

	Ja	Nein
– die Fehler der Vollkostenrechnung	☐	☐
– überhöhte Gemeinkostenzuschlagssätze	☐	☐
– die Veränderung der Kostenstrukturen	☐	☐
– die Mängel herkömmlicher Kostenrechnungssysteme	☐	☐

Aufgabe 3

Eine ausgebaute Prozesskostenrechnung kann folgende Informationen für das Management bereitstellen:

	Ja	Nein
– Kapazitätsauslastung in der Fabrik	☐	☐
– Kosten für abteilungs-/kostenstellenübergreifende Prozesse im Unternehmen	☐	☐
– Leistungsdaten indirekter Bereiche	☐	☐
– Relatives Kostengewicht einzelner Kostenstellen an den wichtigen Prozessen im Unternehmen	☐	☐
– Ergebnisbeitrag einzelner Gemeinkostenaktivitäten	☐	☐

Aufgabe 4

Die Prozesskostenrechnung eignet sich insbesondere für:

	Ja	Nein
– Dienststellen im Unternehmen, die Grundlagenforschung betreiben	☐	☐
– für Auftragssteuerung/-abwicklungsbereiche in einer Organisation	☐	☐
– um Entscheidungen über den Einsatz von mehrfach verwendbaren Teilen oder Spezialteilen zu unterstützen	☐	☐
– die betriebliche Planung der Gemeinkostenbereiche durch mengenbezogene Daten zu fundieren	☐	☐

Aufgabe 5

Mögliche Prozessgrößen im Rahmen der Prozesskostenrechnung für den Vertriebsbereich sind:

	Ja	Nein
– Menge der Vertriebsmitarbeiter	☐	☐
– Anzahl der Kundenaufträge differenziert nach Inland und Ausland	☐	☐
– Umsatzvolumen nach Regionen	☐	☐
– Anzahl der Ausgangsrechnungen	☐	☐

Aufgabe 6

Wenn Sie die „Kosten einer verkaufsaktiven Stunde" eines Außendienstmitarbeiters ermitteln wollen: Welche der nachgenannten Größen gehört <u>nicht</u> in diese Kalkulation?

☐ Kosten der Verkaufs-Innendienstmitarbeiter
☐ Sozialfolgekosten
☐ Kfz-Abschreibungen

Aufgabe 7

Die Prozesskostenrechnung hat u.a. die Aufgabe,

☐ die Gemeinkosten verursachungsgerecht auf die Kostenstellen zu verteilen.
☐ die Gemeinkosten nach festen Schlüsseln auf die Kostenstelle zu verteilen.
☐ die Gemeinkosten nach dem Tragfähigkeitsprinzip auf die Kostenstellen zu verteilen.

Aufgabe 8

Im Vertrieb eines Unternehmens wird der Prozess „Auftragsbearbeitung" analysiert:
Aktivitäten: Telefonieren mit Kunden – Aufträge bearbeiten – Transport fertig machen

Anzahl Aufträge: 300

Aktivitäten
–   Telefonieren mit Kunden   15.000 €
–   Aufträge bearbeiten   10.000 €
–   Transport fertig machen   5.000 €
–   Vertrieb leiten   4.500 €

Wie viel kostet ein Auftrag?

Aufgabe 9

Der Vertriebscontroller möchte die Kosten für einen Kundenbesuch der 5 Außendienstmitarbeiter ermitteln und hat die folgenden Informationen für den Monat Mai gesammelt:

–   Telefonische Besuchsankündigung   20 Std.
–   Besuchsdauer   300 Std.
–   Fahrtzeiten   250 Std.
–   Terminnachbereitung Außendienst   120 Std.
–   Terminnachbereitung Innendienst   120 Std.
–   Sonstige Tätigkeiten des Außendienstes   100 Std.
–   PKW- und Reisekosten   60.000 €
–   Anzahl besuchte Kunden   1.200
–   Kosten einer Außendienststunde   350 €
–   Kosten einer Innendienststunde   200 €

Berechnen Sie die durchschnittlichen Kosten eines Kundenbesuches unter der Annahme, dass die sonstigen Tätigkeiten des Außendienstes und die PKW- und Reisekosten leistungsmengenneutral sind.

7.8   Target Costing

Aufgabe 1

Target Costing:

	Ja	Nein
– ist ein neues System der Kostenrechnung	☐	☐
– basiert als Kostenrechnungssystem auf der Deckungsbeitragsrechnung	☐	☐
– ist eine neue Form des Kostenmanagements	☐	☐
– ist Kostenmanagement auf Vollkostenbasis	☐	☐

Aufgabe 2

Beim Target Costing:

	Ja	Nein
– wird ausgehend von der Überlegung, möglichst rasch am Markt mit neuen Produkten zu sein, ausschließlich auf kurze Entwicklungszeiten geachtet	☐	☐
– werden in einem Team aus Vertriebs-, Entwicklungs-, Fertigungs- und Controllingmitarbeitern Kostenvorgaben in einer frühen Phase des Produktentstehungsprozesses erarbeitet	☐	☐
– werden von einem erzielbaren Marktpreis aus unter Berücksichtigung der gewünschten Gewinnerwartung Zielkosten abgeleitet	☐	☐
– werden Anstöße erarbeitet, um das Produkt und die dafür erforderlichen betrieblichen Prozesse konsequent auf die Marktbedürfnisse hin auszurichten	☐	☐

Aufgabe 3

Typische Maßnahmen im Rahmen des Target Costing sind:

	Ja	Nein
– Auswahl attraktiver Märkte für das bestehende Produktspektrum	☐	☐
– Analyse der Vorgehensweise und der Kosten des „Best Practice"-Wettbewerbers	☐	☐
– Einbindung von ausgewählten Systemlieferanten in der Phase der Produktentstehung	☐	☐
– Änderung interner Arbeitsabläufe	☐	☐
– Erarbeitung von Varianten, um Spezialmärkte mit erschließen zu können	☐	☐

8 Investitions- und Wirtschaftlichkeitsrechnung

Investitionsrechnung

Aufgabe 1

Fallstudie: Rationalisierungsinvestition

Ein Industriebetrieb erzeugt Kunststofffolien. Letzter Jahresumsatz 20 Mio. €; 2.000 t; Verkaufserlös je Tonne 10.000 €; DBU 25 %

Es besteht die Möglichkeit, durch eine Investition von 1 Mio. €. eine betriebliche Rationalisierung durchzuführen (Nutzungszeit 5 Jahre, je t könnten die Kosten um 1.000 € gesenkt werden.)

Frage:

Wo liegt der kritische Umsatz für diese Rationalisierungsinvestition?

Aufgabe 2

Ein Zulieferbetrieb für die weiterverarbeitende Großindustrie könnte mit einem neuen Großkunden einen Jahresumsatz von 1 Mio. € erzielen. Dafür müsste aber in eine neue Maschine investiert werden, deren Anschaffungskosten bei 0,5 Mio. € liegen.

Der DBU wäre bei 30 %. Es entstehen keine weiteren Gemeinkosten, mit Ausnahme neuer Fixkosten für die Investition: AfA-Dauer 10 Jahre, Wiederbeschaffungswert 1,2 Mio. €, kalk. Zinsen 6 %. Die variablen Kosten sind bereits im DBU berücksichtigt.

a) Wie lange ist die Amortisationszeit?
b) Wie hoch ist der ROI (Return on Investment)?
c) Ist die Wirtschaftlichkeit gegeben?

Aufgabe 3

Bei der Fundierung eigener Entscheidungen sind vielfach andere Bewertungsmodelle zu verwenden als bei der Fundierung fremder Entscheidungen.

Fallbeispiel:

Klaus Gröger, Inhaber der Maschinenbau GmbH, steht vor der Frage, ob er in eine Anlage mit einer neuen Frästechnologie investieren soll, welche die derzeit recht hohe Ausschussquote um bis zu 70 % reduzieren soll. Der erwartete Return on Investment (ROI), d.h. die Gesamtkapitalrendite der Anlage, wird mit 12 % p.a. ermittelt, die Kapitalkosten der Maschinenbau GmbH liegen bei 10 %. Das Investitionsvolumen beträgt 100.000 €.

1. Soll Gröger die Investition durchführen? Begründen Sie Ihre Aussage.
2. Nehmen wir nun an, dass die Maschinenbau GmbH eine 100 %ige Tochter der Holding AG und als Investment Center geführt wird, d.h. die Maschinenbau GmbH kann eigenständig Investitionsentscheidungen treffen. Der durchschnittliche RoI der Maschinenbau GmbH liegt in dem betrachteten Geschäftsjahr bei 14 %. Sollte die Investition aus Sicht der Holding AG durchgeführt werden?
3. Wenn Gröger eine Prämie auf Basis des erwirtschafteten ROI erhält – wird er die Investition dann durchführen wollen?

1.
2.
3.

Aufgabe 4

Produktionscontrolling – Fallbeispiel

Der Safthersteller Rabenhorst hat sich nun länger die Entwicklung am Markt angesehen und will endlich selbst Smoothies auf den Markt bringen. Nach langem Suchen ist es dem Einkäufer endlich gelungen, eine freie Glasform (0,2 l) für die Smoothie-Flasche am Markt zu finden; die Produktzusammensetzung steht schon seit einigen Wochen fest.

Der Vertriebsleiter erstellt zwei Absatzszenarien mit folgenden Wahrscheinlichkeiten

Variante I:	100.000 Flaschen	40 %
Variante II:	150.000 Flaschen	60 %

Als Preis hält er 2,49 € nach Marktanalysen von Wettbewerbsprodukten für möglich.

Die Produktion erfolgt in zwei Stufen

4. In der Fruchtsafttechnik werden die Fruchtsäfte aus den Tanks geholt und gemischt Gesamtkosten inkl. Rohware 0,62 €/l

5. In der Abfüllung werden sie dann abgefüllt. Zurzeit ist eine Abfüllung dieser neuen Glasflasche nicht ohne Weiteres möglich, d.h., es gibt folgende Alternative

    A. Eigenabfüllung

    B. Fremdabfüllung

Die Produktion

A. Eigenabfüllung

Kauf von Zusatzteilen für die Anlage	390.000 €
Sonst. Herstellungskosten (inkl. Abschreibungen)	0,78 €/Flasche

B. Fremdabfüllung bei der Firma Eckes

Kosten für Werkzeuge (Eigentum Rabenhorst)	25.000 €
Kosten für das fertige Produkt bis 110.000 Fl.	1,09 €/Flasche
ab 110.000 Fl.	1,05 €/Flasche

An Marketing- und Vertriebskosten werden 100.000 € im ersten Jahr kalkuliert. In den Folgejahren muss mit einem Marketingetat von 50.000 € bei Variante I bzw. 70.000 € bei Variante II kalkuliert werden. Sonstige Grenzkosten für Verwaltung und Vertrieb belaufen sich auf 30.000 €.

Weitere Annahmen

a) Das Smoothie-Projekt wird für eine Dauer von 5 Jahren gerechnet. Die Markteinführung kann mit Investitionsstart beginnen, hat also keinen Vorlauf.

b) Gemeinkosten (außer Marketingkosten) werden in den ersten zwei Jahren nach Grenzkosten bewertet, anschließend wird ein Wert von 14 % auf die Nettoerlöse angenommen.

c) Das Working Capital entspricht 30 % der Nettoerlöse. Es wird angenommen, dass es am Ende der Investition zurückgeführt wird.

d) Die durchschnittlichen Kapitalkosten belaufen sich auf 9 %.

Aufgabe 5

Ein Unternehmen hat eine Maschine für 140.000 € angeschafft. Die Nutzungsdauer wird auf
10 Jahre geschätzt. Als kalkulatorische Abschreibung werden im 3. Jahr 10 % vom Wiederbeschaffungswert (= 190.000 €) also 19.000 € verrechnet. Würde sich die kalkulatorische
Abschreibung ändern, wenn

		Ja	Nein
–	der Anschaffungswert 120.000 € betragen hätte	☐	☐
–	die steuerrechtlich zulässige Abschreibungsdauer von 8 auf 6 Jahre verkürzt würde	☐	☐
–	der landesübliche Zinsfuß von 10 % auf 7 % sinkt	☐	☐
–	der Wiederbeschaffungswert auf 100.000 € sinken würde	☐	☐
–	die Betriebskosten der Maschine um 50 % ansteigen würden	☐	☐
–	der Restwert der Maschine sich stark erhöhen würde	☐	☐

Aufgabe 6

Abs und Schäff haben sich nach der letzten Rechnung noch einmal hingesetzt und die Ausgaben für Kopierer Nummer 2 neu ermittelt. Zur Sicherheit überprüft Schäff diese Entscheidung noch einmal anhand weiterer Investitionsrechnungen.

Anfangsinvestition 66.000 €:

Jahr	Einnahmen	Ausgaben	Rückfluss
1	30.000 €	15.000 €	15.000 €
2	32.000 €	16.000 €	16.000 €
3	34.000 €	17.000 €	17.000 €
4	33.000 €	16.000 €	17.000 €
5	32.000 €	17.000 €	15.000 €
6	30.000 €	17.000 €	13.000 €

Berechnen Sie die Vorteilhaftigkeit der Investition

a)   Kapitalwertmethode (Zinserwartung 6 %)

b)   Interne Zinsfußmethode

c)   Dynamische Amortisationsrechnung

Aufgabe 7

Nach den Überlegungen zum Drehfilter hat die Firma Montax ein zweites Projekt, das auf Vorteilhaftigkeit hin zu prüfen ist. Der Geschäftsführer tritt an den Controller heran mit folgenden Grunddaten für eine neue Maschine:

Nutzungsdauer:	5 Jahre
Anschaffungskosten und -nebenkosten	4 Mio. €
Restwert:	20 %

Und er geht von folgenden Einzahlungen und Auszahlungen der Investition aus:

Jahr	Einzahlungen	Auszahlungen
1	650.000 €	600.000 €
2	1.500.000 €	750.000 €
3	2.500.000 €	1.050.000 €
4	2.600.000 €	1.150.000 €
5	2.100.000 €	900.000 €

a)   Beurteilen Sie unter Anwendung der Kapitalwertmethode die Vorteilhaftigkeit der Investition bei einem Kalkulationszinssatz von 9,5 %.

b)   Alternativ wird von der Geschäftsleitung ein positiver Kapitalwert von 90.000 € gefordert. Berechnen Sie für diese Alternative den Liquidationserlös, den das Unternehmen beim Verkauf der Maschine nach Ablauf von fünf Jahren erzielen muss.

Aufgabe 8

Was soll die Investitionsrechnung bezwecken?

Aufgabe 9

Stellen Sie die Ablauforganisation beim Investitionscontrolling dar.

Aufgabe 10

Welche Daten sollte ein Investitionsantrag enthalten?

Aufgabe 11

Was ist die Nutzwertanalyse? Geben Sie eine einfache Definition:

Aufgabe 12

Welche Ursachen für Widerstände gegen Kostensenkung gibt es?

9 Schwachstellenanalyse und Kostensenkung durch Controlling

9.1 Die Notwendigkeit von Schwachstellenanalysen und Kostensenkungen

Aufgabe 1

Welche drei großen Möglichkeiten innerhalb einer Unternehmung gibt es, den Unternehmenserfolg zu steuern?

1.	
2.	
3.	

Aufgabe 2

Worin besteht der Hauptunterschied zwischen absoluter und relativer Kostensenkung?

9.2 Leitlinien und Phasen der Kostensenkung/Schwachstellen

Aufgabe 1

In welche Phasen gliedert sich eine systematische Kostensenkung?

1.	
2.	
3.	
4.	
5.	

9.3   ABC-/XYZ-Analyse

Aufgabe 1

Die ABC-Analyse:

	Ja	Nein
– zeigt den zeitlichen Ablauf von Vorgängen auf	☐	☐
– ist eine Technik zum Erkennen von Schwerpunkten	☐	☐
– ermittelt die Elemente mit höchstem Wertanteil	☐	☐
– wird nur im technischen Bereich angewandt	☐	☐

Aufgabe 2

Ergänzen Sie die nachfolgende Tabelle für die XYZ-Analyse im Materialbereich

	Verbrauch	Schwankung	Vorhersagegenauigkeit
X			
Y			
Z			

Aufgabe 3

Von welchen Fragen geht die Grundlagenanalyse aus?

1.
2.
3.

Aufgabe 4

Ergänzen Sie die nachfolgende Tabelle für die ABC/XYZ-Analyse im Materialbereich

ABC-XYZ-Analyse

	A	B	C
X			
Y			
Z			

Aufgabe 5

Der Einkäufer Dr. Stockert hat folgende Verbrauchs- und Preisinformationen vorliegen. Sein Geschäftsführer erwartet von ihm eine Präsentation, auf welche Dinge er sich künftig im Einkauf konzentrieren will.

Material	Verbrauch (in Mengeneinheiten)	Preis (in€)
A	20.000	0,15
B	7.500	0,90
C	36.000	0,05
D	21.000	1,80
E	50.000	0,14
F	2.000	1,00
G	4.000	2,00
H	11.000	0,25
I	35.000	0,07
K	19.500	1,90

9.4   Wertanalyse (Value Analysis)

Aufgabe 1

Die Wertanalyse:

	Ja	Nein
– wird hauptsächlich im Produktions- und Konstruktionssektor durchgeführt	☐	☐
– dient zur Bestimmung des Marktpreises von Produkten	☐	☐
– ist eine Methode zur systematischen Kostensenkung	☐	☐
– ist mit dem ZBB identisch	☐	☐
– ist auf dem Produktionssektor beschränkt	☐	☐

Aufgabe 2

Durch die Wertanalyse soll das Verhältnis zwischen:

	und

optimiert werden.

Aufgabe 3

Stellen Sie die Vorausetzungen für eine erfolgreiche Wertanalyse dar:

1.
2.
3.
4.
5.

Aufgabe 4

Geben Sie eine kurze Definition von ZBB:

Aufgabe 5

Erstellen Sie eine Ablauforganisation für ZBB:

Aufgabe 6

Was sind die wesentlichen Merkmale des ZBB?

	Ja	Nein
– Aufnahme des Ist-Zustandes	☐	☐
– Formulierung von zielorientierten Entscheidungspaketen	☐	☐
– Formulierung erwarteter Kosten-Nutzen-Relationen	☐	☐
– Bewertung der Soll-Leistungen	☐	☐
– Ermittlung der Steigerungsrate des Abteilungsbudgets	☐	☐

Aufgabe 7

Von welcher Fragestellung geht die Schwachstellenanalyse aus?

Aufgabe 8

In welchen Schritten verläuft die Wertanalyse für Verwaltungstätigkeiten?

	Ja	Nein
– Ermittlung des Ist-Zustandes	☐	☐
– Ermittlung des Soll-Zustandes	☐	☐
– Ermittlung der Vorgabezeiten	☐	☐
– Festlegung der Reihenfolge der Tätigkeiten	☐	☐
– Entwicklung von Alternativen	☐	☐
– Auswahl der optimalen Alternativen	☐	☐

10 Frühwarnung im Controlling/Strategisches Controlling

Aufgabe 1

Welche Kriterien beeinflussen

- die Marktattraktivität
- die Wettbewerbsposition

im Rahmen der Portfolio-Analyse?

Aufgabe 2

Ergänzen Sie bitte:

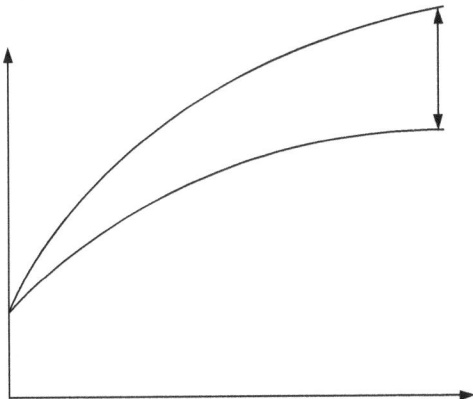

Aufgabe 3

Was verstehen Sie unter „strategischer Lücke"?

Aufgabe 4

Als was sollte das Frühwarnsystem verstanden werden und wie ist Frühwarnung zu gestalten?

Aufgabe 5

Beantworten Sie folgende Aussagen:

	Ja	Nein
– Die Früherkennung von Risiken muss sich weitgehend auf Indikatoren qualitativer Art stützen.	☐	☐
– Auf quantitative Daten kann verzichtet werden.	☐	☐
– Quantitative Daten leiten sich nur aus Vergangenheitswerten ab.	☐	☐
– Notwendige Daten stehen bei der Erstellung des Frühwarnsystems immer rechtzeitig zur Verfügung.	☐	☐

Aufgabe 6

Warum ist die multiple Diskriminanzanalyse wichtig für die Früherkennung?

Aufgabe 7

Welche Normstrategien schlagen Sie vor?

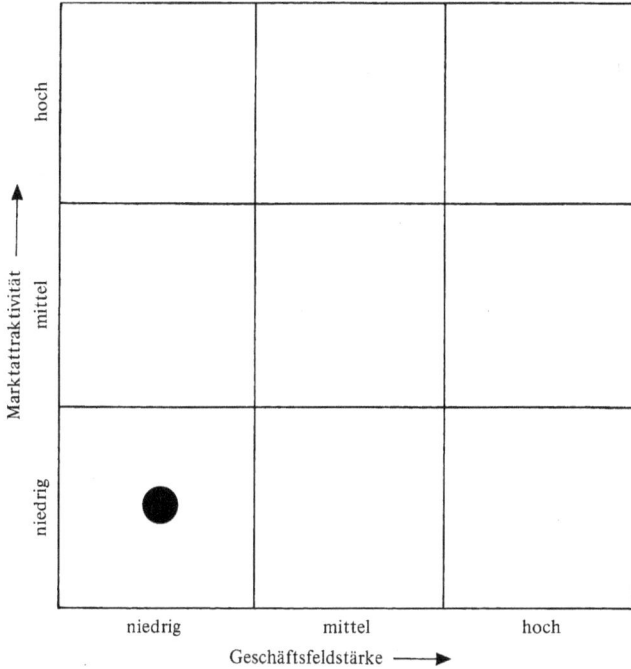

Aufgabe 8

Entwickeln Sie bitte ein Schema zur Beurteilung des Artikelerfolges.

Aufgabe 9

Stellen Sie bitte den Produktlebenszyklus dar.

Aufgabe 10

Die Checklisten-Methode dient:

	Ja	Nein
– zur Mitarbeiter-Kontrolle	☐	☐
– zur „Rationalisierung" von Überprüfungstätigkeiten, vorrangig im qualitativen Bereich	☐	☐
– zur Durchführung aktueller Soll-Ist-Vergleiche	☐	☐
– der Erfassung aller relevanten Sachverhalte in einem Prüfgebiet	☐	☐
– zur neutralen Behandlung von Abläufen/Vorgehensweisen ohne „atmosphärische" Störungen der Verantwortlichen des zu prüfen-den Bereichs	☐	☐
– zur Beurteilung von Mitarbeitern	☐	☐
– zur Schwachstellenanalyse im qualitativen Bereich	☐	☐

Aufgabe 11

Nennen Sie bitte einige Vorteile, die sich für den Controller aufgrund der Arbeit mit Checklisten ergeben.

Aufgabe 12

Wie vollzieht sich der prozessuale Ablauf der strategischen Planung?

Aufgabe 13

Wozu dient die GAP-Analyse und welche Aussage ermöglicht sie?

Aufgabe 14

Welche wichtigen Erfolgsfaktoren eines Unternehmens sind Ihnen bekannt?

Aufgabe 15

Beschreiben Sie das Wesen einer Strategischen Geschäftseinheit.

Aufgabe 16

Erläutern Sie die Arten des Benchmarking.

Aufgabe 17

Was ist die Grundidee des Benchmarking?

Aufgabe 18

Was sind Benchmarks? Geben Sie einige Beispiele an.

Aufgabe 19

Was versteht man unter „strategischer Engpass"?

Aufgabe 20

Stellen Sie bitte die Kostenerfahrungskurve dar. Was sagt sie generell aus?

11 Musterklausuren

Klausur 1: Kosten- und Leistungsrechnung

Aufgabe 1

In einem holzverarbeitenden Unternehmen wird eine neue Schleifmaschine angeschafft mit folgenden Daten:

Anschaffungskosten	600.000 €
Wiederbeschaffungskosten	720.000 €
Nutzungsdauer	10 Jahre
Kalkulatorische Zinsen	8 % des hälftigen Anschaffungswerts
Energiekosten	25.000 €
Werkzeugkosten	16.000 €
Fertigungslöhne	50.000 €
Gehälter	25.000 €
Sonstige Gemeinkosten	50.000 €

a) Berechnen Sie den Maschinenstundensatz für maschinenbedingte Kosten bei einer Jahresbeschäftigung von 1.920 Stunden.
b) Ermitteln Sie den Gemeinkostenzuschlag für die restlichen Gemeinkosten.
c) Mit welchem Maschinenstundensatz wäre zu rechnen, wenn alle Kosten in den Maschinenstundensatz einzubeziehen wären?

Aufgabe 2

Dem Chefcontroller eines Unternehmens, das nur ein Produkt herstellt, stehen folgende Informationen nach Verteilung der primären Gemeinkosten zur Verfügung:

Typ	Kostenstelle	Primäre Gemeinkosten
Hilfs-KoSt	Grundstücke	100.000 €
Hilfs-KoSt	Dampferzeugung	50.000 €
Hilfs-KoSt	Reparatur	80.000 €
Haupt-KoSt	Fertigung	100.000 €
Haupt-KoSt	Verwaltung/Vertrieb	50.000 €

Folgende interne Leistungen werden erbracht:

Leistungsempfänger	Leistungsabgabe		
	Grundstücke	**Dampferzeugung**	**Reparatur**
Grundstücke	–	50 t	5 Std.
Dampferzeugung	20 qm	–	5 Std.
Reparatur	40 qm	100 t	–
Fertigung	400 qm	45 t	80 Std.
Verwaltung/Vertrieb	40 qm	5 t	10 Std.

Ermitteln Sie die gesamten Gemeinkosten der Hauptkostenstellen nach dem

- Anbauverfahren und
- Stufenleiterverfahren.

Wählen Sie beim Stufenleiterverfahren eine für Sie sinnvolle Anordnung der Hilfskostenstellen und begründen Sie diese Antwort kurz.

Klausur 2: Controlling der Unternehmensbereiche

Aufgabe 1: (15 Punkte)

Formulieren Sie eine **Stellenanzeige für einen Produktionscontroller**! Was sind die wesentlichen Aufgaben, welche Anforderungen werden an ihn gestellt? An wen berichtet er?

Aufgabe 2: (20 Punkte)

a) Nennen Sie wesentliche Aufgaben des Marketingcontrollings und nennen Sie wesentliche Instrumente des Marketingcontrollings.

b) Beschreiben Sie detailliert eines dieser Instrumente und wie es im Marketingcontrolling eingesetzt werden kann.

c) Beschreiben Sie fünf Kennzahlen, die im Marketingcontrolling eingesetzt werden können.

Aufgabe 3: (15 Punkte)

Das Maschinenbauunternehmen Rampf stellt zum ersten Mal einen Controller ein. Seine erste Aufgabe ist die Schaffung eines aussagekräftigen Berichtssystems. Wie soll der Controller vorgehen und welche Qualitätsdimensionen soll er beim Aufbau des Berichtswesens berücksichtigen?

Aufgabe 4: (10 Punkte)

a) Erklären Sie die Begriffe „Hidden Intention" und „Hidden Characteristics" am Beispiel eines Leiters eines BMW-Werkes.

b) Wie würden Sie ein Entlohnungssystem für einen dieser Werksleiter gestalten?

Aufgabe 5: (25 Punkte)

a) Nennen Sie mindestens fünf Aspekte, die aus motivatorischen Gründen bei der Vorgabe von Zielen berücksichtigt werden sollten.

b) Was versteht man unter einer Top-down-Planung und welche Vor- und Nachteile hat diese Form der Erstellung der operativen Planung in einem mittelständischen Unternehmen?

c) Welche Planungsfehler können auftreten?

d) Welche Formen der strategischen Kontrolle gibt es und welche Aufgaben werden dem Controller im Rahmen der strategischen Planung und Kontrolle zugeordnet?

Aufgabe 6: (15 Punkte)

Der Vorstand der Hause AG muss sich zwischen zwei Investitionsalternativen entscheiden:

Alternative A:

Kauf einer Verpackungsmaschine in Vietnam für ein auf 4 Jahre begrenztes Zusatzgeschäft mit einer Investitionssumme von 18 Mio. €. Auf Basis von Verträgen können jährlich 700.000 Stück zum Preis von 13 €/Stück abgesetzt werden. Für diese geplanten Stück fallen p.a. 2,5 Mio. € Fertigungskosten an.

Alternative B:

Errichtung einer Produktionsanlage in Südafrika zur Fertigung eines Produktes für ein auf 4 Jahre befristetes Programm. Die Investitionssumme beträgt auch hier 18 Mio. €. Die Absatzerwartungen liegen bei 750.000 Stück zu einem Preis von 11,00 €. Hier wird mit Fertigungskosten von 2,3 Mio. € p.a. gerechnet.

Der Controller rechnet mit durchschnittlichen Kapitalkosten von 12 %. Die Anlagen werden über die Laufzeit der Geschäftskontakte vollständig abgeschrieben.

a) Fertigen Sie Wirtschaftlichkeitsrechnungen der beiden Investitionsalternativen an: (Bei statischen Methoden sollten Sie neben den Abschreibungen auch kalkulatorische Zinsen ansetzen):

1. Gewinnvergleichsrechnung

2. Kapitalwertmethode

b) Für welche Alternative würden Sie sich entscheiden? Gibt es neben der Investitionsrechnung noch weitere Faktoren, die Sie berücksichtigen würden?

Klausur 3: Controlling Grundlagen und Systeme

Aufgabe 1: (10 Punkte)

Ein Maschinenbauunternehmen erstellt eine operative Planung für das Jahr 2009. Auf Basis der Planzahlen wird in 2009 die Angebotskalkulation für eine Maschine durchgeführt.

Folgende Daten stehen aus der operativen Planung zur Verfügung:

Materialgemeinkostenzuschlag   125 %

Verwaltungsgemeinkostenzuschlag   15 %

Vertriebsgemeinkostenzuschlag   8 %

Geplante maschinenunabhängige Fertigungsgemeinkosten   15.000 T €

Geplante maschinenabhängige Fertigungsgemeinkosten   12.000 T €

Geplante Fertigungslöhne   9.000 T €

Geplante Laufzeit der Produktionsanlagen   1.960 Std.

Für die Angebotskalkulation stehen folgende weitere Informationen zur Verfügung

a) Standard-Gewinnzuschlag: 8 %

b) Fertigungslöhne für die Herstellung der Maschine   540 T €

c) Produktionslaufzeit auf der Anlage: 35 Std.

d) Materialeinzelkosten für die Maschine: 550 T €

Ermitteln Sie auf Basis der Plandaten und der zusätzlichen Detailinformationen den Angebotspreis für die Maschine.

Aufgabe 2: (12 Punkte)

Teilkostenrechnungssysteme werden in vielen Unternehmen verwendet.

a) Nennen Sie drei Systeme und erläutern Sie bei zwei dieser Systeme kurz die Vorgehensweise.

b) Nennen Sie Beispiele für Marginalentscheidungen.

c) Warum sind Teilkostenrechnungssysteme bei Marginalentscheidungen der Vollkostenrechnung überlegen?

d) Welche Gefahren sind mit der Anwendung von Teilkostenrechnungssystemen verbunden?

Aufgabe 3: (10 Punkte)

a) Welche Aspekte sollten bei der Bildung von Kennzahlen beachtet werden?

b) Worin unterscheiden sich wertorientierte Kennzahlen von traditionellen Kennzahlen?

Aufgabe 4: (10 Punkte)

Immer mehr Unternehmen betreiben ein aktives Kostenmanagement.

a) Was ist darunter zu verstehen? Welche Ebenen der Kostenbeeinflussung gibt es und welche Maßnahmen können auf diesen Ebenen ergriffen werden?

b) Welche Instrumente des produktorientierten Kostenmanagements kennen Sie?

c) Erläutern Sie kurz das Konzept des Target Costing.

Aufgabe 5: (8 Punkte)

Für die Leistungsverrechnung innerhalb eines Betriebes liegen folgende Informationen vor.

Leistungsabgaben	an Reparatur	an Energie	an Endkosten-stelle Material	an Endkosten-stelle Fertigung
Von Reparatur	–	20 Std.	20 Std.	60 Std.
Von Energie	50 kwh	–	400 kwh	200 kwh

Folgende Primärkosten fallen in den Vorkostenstellen an:

Reparatur: 56.000 €
Energie: 98.000 €

a) Nehmen Sie die Verrechnung der Kosten auf die Endkostenstellen nach dem Stufenleiterverfahren vor.

b) Wie lauten die Gleichungen, wenn Sie das mathematische Verfahren zur Ermittlung der Verrechnungspreise verwenden?

Klausur 4: Controlling der Unternehmensbereiche

Aufgabe 1: (15 Punkte)

Formulieren Sie eine Stellenanzeige für einen Controller!

Was sind die wesentlichen Aufgaben, welche Anforderungen werden an ihn gestellt? An wen berichtet er?

Aufgabe 2: (20 Punkte)

a) Nennen Sie wesentliche Aufgaben des Vertriebscontrollings und nennen Sie wesentliche Instrumente des Vertriebscontrollings.

b) Beschreiben Sie detailliert eines dieser Instrumente und wie es im Vertriebscontrolling eingesetzt werden kann.

c) Beschreiben Sie fünf Kennzahlen, die im Vertriebscontrolling eingesetzt werden können.

Aufgabe 3: (10 Punkte)

Controller müssen ihr Informationsangebot im Spannungsfeld zwischen Nachfrage und Bedarf gestalten. Beschreiben Sie 5 der unten stehenden Felder mit einem Beispiel.

Informationsangebot
(instrumentendominiert)

Informationsnachfrage
(verhaltensdominiert)

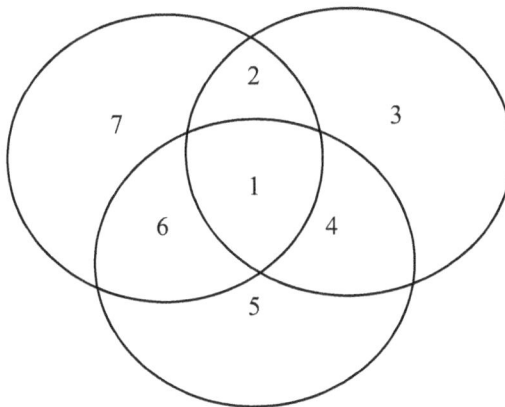

Informationsbedarf
(problemdominiert)

Aufgabe 4: (10 Punkte)

a) Erklären Sie die Begriffe „Hidden Action" und „Hidden Information" am Beispiel eines Vertriebsleiters.

b) Wie würden Sie ein Entlohnungssystem für einen Vertriebsleiter gestalten?

Aufgabe 5: (25 Punkte)

a) Nennen Sie mindestens fünf Fehler, die im Rahmen des Planungsprozesses auftreten.

b) Was verstehen Sie unter dem Controllability-Prinzip?

c) Wie könnte die Budgetierung im Gegenstromverfahren in einem zweistufigen Konzern ablaufen (Muttergesellschaft + 1 Tochtergesellschaft)?

d)   Welche Aufgaben hat der Controller im Rahmen der operativen Planung?

e)   Was versteht man unter dem Begriff „Better Budgeting" und warum ist dieser Begriff entstanden?

Aufgabe 6: (12 Punkte)

Die Pille AG muss sich zwischen zwei Investitionsalternativen entscheiden:

Alternative A:

Kauf einer Verpackungsmaschine in Deutschland für ein auf 2 Jahre begrenztes Zusatzgeschäft mit einer Investitionssumme von 8,5 Mio. €. Auf Basis von Verträgen können jährlich 700.000 Stück zum Preis von 12,50 €/Stück im ersten Jahr und 12,50 €/Stück im zweiten Jahr abgesetzt werden. Für diese geplanten Stück fallen p.a. 2,5 Mio. € Fertigungskosten an.

Alternative B:

Errichtung einer Produktionsanlage in Vietnam zur Fertigung eines Präparats für ein auf 3 Jahre befristetes Programm. Die Investitionssumme beträgt hier 10 Mio. €. Die Absatzerwartungen liegen bei 750.000 Stück zu einem Preis von 10,00 €. Auch hier werden mit Fertigungskosten von 2,5 Mio. € p.a. gerechnet.

Der Controller rechnet mit durchschnittlichen Kapitalkosten von 10 %. Die Anlagen werden über die Laufzeit der Geschäftskontakte vollständig abgeschrieben.

a)   Fertigen Sie Wirtschaftlichkeitsrechnungen der beiden Investitionsalternativen an:
     (Bei statischen Methoden sollten Sie neben den Abschreibungen auch kalkulatorische Zinsen ansetzen):

     1.   Gewinnvergleichsrechnung

     2.   Kapitalwertmethode

b)   Für welche Alternative würden Sie sich entscheiden? Gibt es neben der Investitionsrechnung noch weitere Faktoren, die Sie berücksichtigen würden?

Aufgabe 7: (8 Punkte)

Nennen Sie wesentliche Vor- und Nachteile der Portfoliotechnik und beschreiben Sie ein Portfolio-Instrument.

Klausur 5: Controlling-Grundlagen und -Instrumente (120 Min.)

Aufgabe 1: (10 Punkte)

Was fällt Ihnen bei dem nachstehenden Kostenstellenbericht auf? Welche Hinweise würden Sie dem Kostenstellenleiter als verantwortlicher Controller geben?

Kostenstellenabrechnung: Juni 2008
Kostenstelle: Saftabfüllung
Verantwortlich: Egon Leiter

Kostenart	Plan	Ist	Abweichung	
	Jan. – Juni	Jan. – Juni	%	Absolut
Löhne	120.000	110.000	–8,33 %	–10.000
Abschreibungen	20.000	20.000	0,00 %	0
Fremdleistungen	50.000	50.000	0,00 %	0
Material	150.000	150.000	0,00 %	0
Summe Primärkosten	**340.000**	**330.000**	**–2,94 %**	**–10.000**
Strom	20.000	16.000	–20,00 %	–4.000
Reparaturen	15.000	10.000	–33,33 %	–5.000
Summe Sekundärkosten	**35.000**	**26.000**	**–25,71 %**	**–9.000**
Gesamtkosten	**375.000**	**356.000**	**–5,07 %**	**–19.000**
Produktionsmenge	50.000	40.000	–20,00 %	–10.000

Aufgabe 2: (20 Punkte)

Dem Chefcontroller eines Unternehmens, das nur ein Produkt herstellt, stehen folgende Informationen nach Verteilung der primären Gemeinkosten zur Verfügung:

Typ	Kostenstelle	Primäre Gemeinkosten
Hilfs-KoSt	Energieerzeugung	30.000 €
Hilfs-KoSt	Reparatur	120.000 €
Haupt-KoSt	Fertigung	220.000 €
Haupt-KoSt	Verwaltung/Vertrieb	180.000 €

Folgende interne Leistungen werden erbracht:

Leistungsempfänger	Leistungsabgabe	
	Energieerzeugung	Reparatur
Energieerzeugung	–	100 h
Reparatur	5.000 kwh	–
Fertigung	47.750 kwh	1.500 h

Verwaltung/Vertrieb	10.000 kwh	400 h

a) Erläutern Sie den Aufbau eines Betriebsabrechnungsbogens (BAB) und beschreiben Sie kurz, welche Aufgaben mithilfe des BAB erfüllt werden können.

b) Ermitteln Sie (mithilfe des BAB) die gesamten Gemeinkosten der Hauptkostenstellen nach dem Anbauverfahren und dem Stufenleiterverfahren und stellen Sie die Gleichungen für das Gleichungsverfahren auf. Wählen Sie beim Stufenleiterverfahren eine für Sie sinnvolle Anordnung der Hilfskostenstellen und begründen Sie diese Anordnung kurz.

c) Der Controller hat als zusätzliche Informationen vorliegen:

Materialeinzelkosten:	13,00 €/Stück
Fertigungslöhne:	150.000 €
Produzierte Stück:	250.000 Stück
Verkaufte Stück:	220.000 Stück

Berechnen Sie auf **Basis des Anbauverfahrens** die Herstellkosten sowie die gesamten Selbstkosten je Stück.

Aufgabe 3: (10 Punkte)

Was versteht man unter Marginalentscheidungen und welche Kostenrechnungssysteme sollten für Marginalentscheidungen angewandt werden?

Aufgabe 4: (15 Punkte)

Warum gewinnt das Gemeinkostenmanagement an Bedeutung und welche Instrumente hat der Controller dafür zur Verfügung? Erläutern Sie kurz eines dieser Instrumente.

Aufgabe 5: (20 Punkte)

Formulieren Sie eine Stellenbeschreibung für einen Controller! Was sind die wesentlichen Aufgaben, welche Anforderungen werden an ihn gestellt?

Aufgabe 6: (10 Punkte)

Wie könnte die Budgetierung im Gegenstromverfahren in einem zweistufigen Konzern ablaufen? (Muttergesellschaft + Tochtergesellschaft) und welche Aufgaben hat der Controller im Budgetierungsprozess?

Klausur 6: Controlling Grundlagen (90 Min.)

Aufgabe 1: (15 Punkte)

Ein Glashersteller erstellt eine operative Planung für das Jahr 2009. Auf Basis der Planzahlen wird in 2009 die Angebotskalkulation für 1 Mio. Gläser für einen Babynahrungsanbieter durchgeführt.

Folgende Daten stehen aus der operativen Planung zur Verfügung:

Materialgemeinkostenzuschlag	110 %
Verwaltungsgemeinkostenzuschlag	20 %
Vertriebsgemeinkostenzuschlag	4 %
Geplante maschinenunabhängige Fertigungsgemeinkosten	20.000 T €
Geplante maschinenabhängige Fertigungsgemeinkosten	15.000 T €
Geplante Fertigungslöhne	12.000 T €
Geplante Laufzeit der Produktionsanlagen	1.850 Std.

Für die Angebotskalkulation stehen folgende weitere Informationen zur Verfügung

a)	Standard-Gewinnzuschlag	10 %
b)	Fertigungslöhne für die Herstellung von 1 Mio. Gläser	3.000 €
c)	Produktionslaufzeit der 1 Mio. Gläser auf der Anlage	40 Std.
d)	Materialeinzelkosten eines Glases	0,10 €

Ermitteln Sie auf Basis der Plandaten und der zusätzlichen Detailinformationen den Angebotspreis für die angefragten 1 Mio. Gläser

Aufgabe 2: (10 Punkte)

Der Vorstand des Glasunternehmens kommt auf Sie zu und erzählt vom Besuch eines Seminars an der Fachhochschule Landshut zum Thema Kostenrechnung. Er habe etwas von Vollkosten, Teilkosten und Cashflow gehört.

a) Erläutern Sie die Unterschiede zwischen Teilkosten- und Vollkostenrechnungen und in welchem Zusammenhang diese jeweils am besten angewendet werden.
b) Was versteht man unter Kosten und was unter dem Cashflow eines Unternehmens?

Aufgabe 3: (35 Punkte)

Schon am nächsten Tag dürfen Sie für den Vorstandsvorsitzenden eine Bankanfrage beantworten. Für den Kauf einer neuen Maschine möchte die Bank Standardkennzahlen wie EBIT, EBITDA, Working-Capital-Entwicklung sowie operativen Cashflow und Free Cashflow vom Unternehmen als Information geliefert bekommen. Folgende Daten stehen zur Verfügung:

Umsätze	105.000 T €
Mieterträge	1.000 T €
Rohstoffe	45.000 T €
Frachtkosten	4.000 T €
Lohnkosten	25.000 T €
Gehälter	10.000 T €
Auflösung Pensionsrückstellung	1.000 T €

Verwaltungskosten	3.500 T €
Abschreibungen auf Firmenwerte	2.000 T €
Abschreibungen auf Maschinen	8.300 T €
Zinsen	2.500 T €
Steuern (45 % auf EBT)	
Investitionen	5.000 T €
Verkauf von Wertpapieren	2.000 T €
Erhöhung der Forderungen	3.550 T €
Verminderung der Verbindlichkeiten	2.000 T €
Reduktion der Vorräte	5.150 T €
Aufnahme lfr. Bankdarlehen	3.500 T €
Dividendenzahlung	1.000 T €

(zur Information: Bilanzsumme: 85 Mio. € – davon betriebnotwendiges Kapital 60 Mio. €)

1. Erstellen Sie die genannten Kennzahlen und erläutern Sie dem Vorstandsvorsitzenden, was die ermittelten Kennzahlen aussagen?
2. Erstellen Sie aus den vorhandenen sowie den ermittelten Daten mindestens 3 Kennzahlen, die zusätzlich dem Vorstandsvorsitzenden der Bank vorgelegt werden sollen, und erläutern Sie diese kurz.
3. Macht es aufgrund der Ihnen vorliegenden Daten Sinn, in diesem Unternehmen einen Controller zu beschäftigen? Welche Aufgaben könnte der Controller wahrnehmen?

Aufgabe 4: (10 Punkte)

Der Vorstandsvorsitzende hat auf dem o.g. Seminar auch etwas über strategische Planung und Kontrolle gehört.

a) Er bittet Sie, ihm eine kurze Aufstellung zu machen, was unter dem Begriff „Strategische Planung" zu verstehen ist und wie diese von der operativen Planung abzugrenzen ist.
b) Außerdem sollen Sie ihm erklären, was in den Bereich der strategischen Kontrolle fällt.

Aufgabe 5: (30 Punkte)

Beschreiben Sie bitte beide folgenden Controlling-Instrumente

a) Benchmarking (15 Punkte)
b) Balanced Scorecard (15 Punkte)

Teil 2: Lösungen

1 Begriffsabgrenzung

1.1 Controlling und Controller

Aufgabe 1

Was verstehen Sie unter dem Begriff Controlling? Versuchen Sie, eine kurze Definition zu geben.

Funktionsübergreifendes Steuerungsinstrument, das den unternehmerischen Entscheidungs- und Steuerungsprozess durch zielgerichtete Informationser- und -verarbeitung unterstützt.

Aufgabe 2

Welche der im Folgenden aufgeführten Aufgaben hat Ihrer Meinung nach der Controller?

	Ja	Nein
– Festlegung der Zielsetzung des Unternehmens	☐	☒
– Revision	☐	☒
– Beratung der Unternehmensleitung bei der Zielfestlegung	☒	☐
– Zuständig für Kostenrechnungsfragen	☒	☐
– Koordination und Unterstützung bei der Durchführung der Pläne	☒	☐
– Kostenkontrolle	☒	☐
– Durchführung von Soll-Ist-Vergleichen	☒	☐
– Finanzielle Absicherung des Geschäftsvermögens	☐	☒
– Beobachtung des Unternehmensumfeldes	☒	☐
– Überwachung der Einhaltung von Plänen	☒	☐
– Zuständig für die Personalpolitik des Unternehmens	☐	☒
– Sicherheitsbeauftragter	☐	☒
– Zuständig für die Gewinne in der Bilanz	☐	☒
– Zuständig für die Zielsteuerung	☒	☐
– u.a. Wahrnehmen der Steuerungs- und Kontrollfunktion	☒	☐
– oberstes Kontroll- und Revisionsinstrument	☐	☒

Aufgabe 3

Welche der folgenden Aussagen erscheinen Ihnen richtig?

Controlling ist:

	Ja	Nein
– Innerbetriebliche Revision	☐	☒
– Kostenkontrolle	☒	☐
– Topmanagement	☐	☒
– Funktionsübergreifendes Steuerungsinstrument	☒	☐

	Ja	Nein
– Mittel zur Gewinnsteigerung in der Bilanz	☐	☒
– Andere Bezeichnung für Geschäftsführung	☐	☒
– Zentrale Stelle für Sicherheitsfragen	☐	☒
– Teilbereich der Buchhaltung	☐	☒
– Ein auf Dauer vorgesehenes Führungsinstrument	☒	☐

Aufgabe 4

Stimmen folgende Aussagen?

	Ja	Nein
– Schlechte Betriebsergebnisse sind die Voraussetzung für die Einführung von Controlling.	☐	☒
– Controlling ist eine völlig neue Erkenntnis der betriebswirtschaftlichen Lehre.	☐	☒
– Funktionierendes Controlling bedeutet gleichsam institutionalisiertes Kostensenken.	☒	☐
– Das Wort „Controlling" ist mit Kontrolle gleichzusetzen	☐	☒
– Der Controller hat eine beratende Funktion bei der Festlegung von Unternehmenszielen.	☒	☐
– Der Controller ist immer ein Fachmann auf dem Gebiet der EDV.	☐	☒
– Er ist verantwortlich für die Zielerreichung.	☒	☐
– Er muss Mitarbeiter motivieren können	☒	☐

Aufgabe 5

Worin liegen die Hauptunterschiede zwischen Kontrolle und Controlling? Ergänzen Sie bitte die folgende Zeichnung?

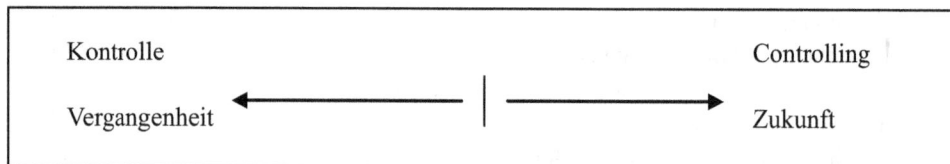

Kontrolle		Controlling
Vergangenheit	←—————— |——————→	Zukunft

Kontrolle berücksichtigt meist nur die Vergangenheit, allenfalls die Gegenwart, während Controlling zukunftsorientiert ist. Dennoch ist Kontrolle ein wichtiger Bestandteil des Controllings, da anhand von Soll-Ist-Abgleichen eine lernfähige Steuerung ermöglicht wird.

Aufgabe 6

Was versteht man unter Controlling in funktionaler Hinsicht?

Controlling wird nur funktionieren, wenn es sich an Zielen orientieren kann. Controlling verlangt deshalb von der Unternehmung eine klare, verbindliche und erreichbare Zielsetzung durch eindeutige Zielformulierung.

Aufgabe 7

Was ist Ihrer Meinung nach der Controller?

		Ja	Nein
–	Kontrolleur	☐	☒
–	Oberste Führungsinstanz	☐	☒
–	Andere Bezeichnung für Geschäftsführer	☐	☒
–	Chef-Buchhalter	☐	☒
–	Ziel- und Planungsverkäufer	☒	☐
–	Finanzfachmann	☐	☒
–	Kostenrechnungsfachmann	☒	☐
–	Leiter der Buchhaltung	☐	☒
–	Steuerexperte des Unternehmens	☐	☒
–	Zielerreichungslotse	☒	☐
–	Überwachungsdienst	☐	☒

Aufgabe 8

Definieren Sie bitte die Begriffe Controller und Controlling:

Controller:

Der Controller sorgt dafür, dass ein wirtschaftliches Instrumentarium zur Verfügung steht, das vor allem durch systematische Planung und die dadurch notwendige Kontrolle hilft, die aufgestellten Unternehmensziele zu erreichen.

Controlling:

Funktionsübergreifendes Steuerungsinstrument, das den unternehmerischen Entscheidungs- und Steuerungsprozess durch zielgerichtete Informationser- und -verarbeitung unterstützt.

Aufgabe 9

Sie suchen nach einer umfassenden Kennzeichnung des „Controlling" und haben die Auswahl zwischen den folgenden Möglichkeiten. Welches ist die richtige?

☒ Das Controlling hat die Aufgabe, die Mitarbeiter in die Lage zu versetzen, sich selbst zu steuern.

☐ Controlling übt eine Kontrolle durch Soll-Ist-Vergleiche aus.

☐ Controlling ist nur ein Planungsinstrument.

Aufgabe 10

Welche der folgenden Aussagen ist richtig?

☐ Controlling ist eine völlig neue Erkenntnis der betriebswirtschaftlichen Lehre.

☐ Das Wort „Controlling" ist mit Kontrolle gleichzusetzen.

☒ Der Controller muss ein Fachmann auf dem Gebiet der Kostenrechnung sein.

Aufgabe 11

Was ist eigentlich das „Neue" am Controlling?

☒ Die Ausrichtung der Kosten- und Leistungsrechnung als Steuerungsinstrument der Unternehmensführung

☒ Die geschlossene organisatorische Konzeption der Teilfunktionen

☐ Die Betonung der Kontrolltätigkeit der Kostenrechnung

☐ Einführung der Kostenplanung im Betrieb

1.2 Operatives Controlling – Strategisches Controlling

Aufgabe 1

Ergänzen Sie bitte:

Unterscheidungsmerkmal	Operatives Controlling	Strategisches Controlling
Zeitpunkt und Betrachtungs- zeitraum	Gegenwartsorientierung	Zukunftsorientierung
Außenbeziehungen	Interne Orientierung	Externe Orientierung
Orientierung allgemein	Sicherung d. Zielsetzung	Sicherung der Existenz

Aufgabe 2

Strategisches Controlling ist gekennzeichnet durch:

	Ja	Nein
– die Durchführung aktueller Soll-Ist-Vergleiche	☐	☒
– die Begriffe Chancen und Risiken	☒	☐
– die nachhaltige Sicherung des Unternehmens	☒	☐
– Langfristigkeit in der Betrachtungsweise	☒	☐

Aufgabe 3

Stimmen folgende Aussagen?

	Ja	Nein
– Operatives Controlling sollte durch strategisches Controlling ergänzt werden.	☒	☐
– Strategisches Controlling benötigt ein funktionierendes operatives Controlling.	☒	☐
– Operatives Controlling orientiert sich v.a. an zukünftigen Zahlen.	☐	☒
– Im Mittelpunkt jedes Unternehmens sollte der kurzfristige Erfolg stehen.	☐	☒
– Zwischen operativem und strategischem Controlling besteht kein Zusammenhang.	☐	☒

2 Aufgaben des Controllings

2.1 Das zielorientierte Unternehmen

Aufgabe 1

Welche wichtigen Gesichtspunkte sind bei der Zielsetzung der Unternehmung vom Controller zu berücksichtigen?

1. Controlling verlangt von der Unternehmensleitung eine klare, verbindliche, realistische Zielsetzung durch eindeutige, am besten schriftliche Zielformulierung.
2. Der Controller begleitet das Management bei der Realisierung der Zielvorstellungen der Unternehmung, stellt aber nicht selbst die Ziele auf.
3. Mit den Zielen werden die Spielregeln und Verhaltensnormen des Controllers festgelegt.
4. Formulierte Ziele sind als verbindliche Vorschriften aufzufassen, die allerdings im Zeitablauf verändert werden können.
5. Die Ziele müssen erreichbar sein.
6. Es ist meist empfehlenswert, den Zielkatalog durch ein Führungs- bzw. Zielsetzungshandbuch zu dokumentieren und kommentieren.
7. Es muss zwischen Haupt- und Nebenzielen differenziert und Prioritäten müssen festgelegt werden.
8. Ziele müssen operational, messbar, an Kosten und Termine gebunden werden.
9. Zielsetzungen sind, wenn neue Erfahrungen und Erkenntnisse vorliegen, von Zeit zu Zeit zu revidieren.
10. Aufgabe des Controllers, ist die Globalzielsetzung der Unternehmung auf einzelne Bereiche der Unternehmung zu übertragen und zu koordinieren, hierfür muss er organisatorische Hilfestellung leisten.
11. Es ist ein Überprüfungsmechanismus erforderlich, der sicherstellt, dass die Zielsetzung der Unternehmung durch die (persönliche) Zielsetzung des Controllers nicht gefährdet wird bzw. dass Zielerwartung und Zielvorstellung zwischen Unternehmensleitung und Controlling nicht zu sehr auseinanderklaffen.

Aufgabe 2

Stellen Sie Controlling als zielorientiertes Führungskonzept dar. Ergänzen Sie bitte:

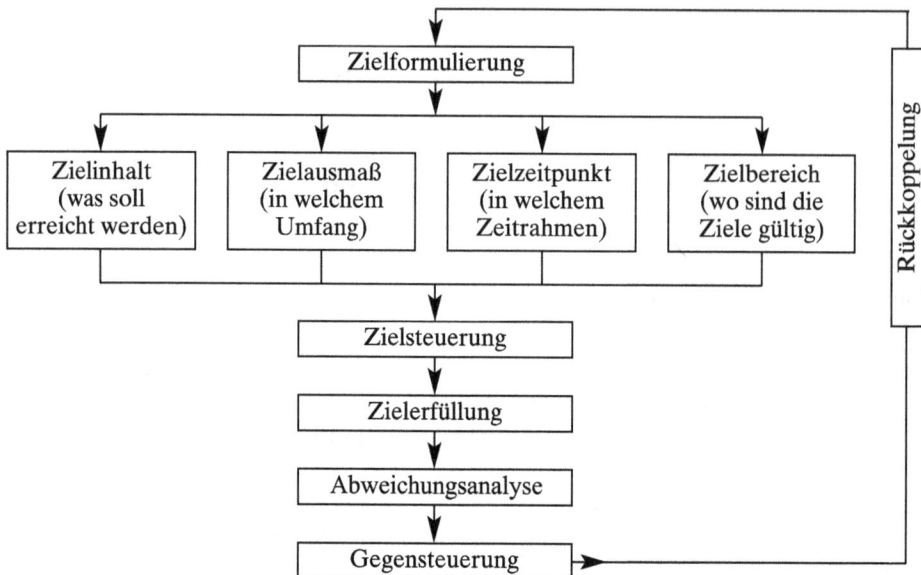

```
                    ┌──────────────────────────────────────────────────────────┐
                    ▼                                                          │
        ┌─────────────────────────┐                                          │
        │     Zielformulierung     │                                          │
        └─────────────────────────┘                                          │
                    │                                                         │
   ┌────────────┬───┴────────┬──────────────┐                               │ ┌──────────────┐
   ▼            ▼            ▼              ▼                               │ │              │
┌─────────┐ ┌─────────┐ ┌─────────┐ ┌─────────┐                           │ │ Rückkoppelung│
│Zielinhalt│ │Zielausmaß│ │Zielzeitpunkt│ │Zielbereich│                   │ │              │
│(was soll │ │(in welchem│ │(in welchem │ │(wo sind die│                  │ │              │
│erreicht  │ │ Umfang)  │ │ Zeitrahmen)│ │ Ziele gültig)│                 │ │              │
│werden)   │ │          │ │            │ │            │                     │ │              │
└─────────┘ └─────────┘ └─────────┘ └─────────┘                           │ └──────────────┘
```

Zielinhalt (was soll erreicht werden)
Zielausmaß (in welchem Umfang)
Zielzeitpunkt (in welchem Zeitrahmen)
Zielbereich (wo sind die Ziele gültig)

Zielsteuerung

Zielerfüllung

Abweichungsanalyse

Gegensteuerung

Rückkoppelung

Aufgabe 3

Geben Sie bitte fünf Hauptgesichtspunkte an, die bei der Unternehmenszielsetzung im Controlling besonders zu beachten sind:

1. Controlling verlangt von der Unternehmensleitung eine klare, verbindliche, realistische, am besten schriftliche Zielformulierung.
2. Diese Ziele müssen erreichbar und motivierend sein.
3. Die Ziele müssen operational, messbar und an Kosten und Terminen gebunden werden.
4. Der Controller hat eine Beratungsfunktion und eine Unterstützungsfunktion bei der Zielrealisation; aber er stellt die Ziele nicht selbst auf.
5. Die Globalzielsetzung der Unternehmung ist vom Controller auf die einzelnen Bereiche des Unternehmens zu übertragen und zu koordinieren.

2.2   Die Aufgabenstellung des Controllers

Aufgabe 1

Stimmen die in der Folge gemachten Aussagen?

	Ja	Nein
– Der Controller hat die Aufgabe, die Unternehmensziele festzulegen.	☐	☒
– Der Controller muss ein Fachmann auf dem Gebiet der Kostenrechnung sein.	☒	☐
– Er beschäftigt sich überwiegend mit steuerlichen Fragen.	☐	☒
– Er hat immer Stabsfunktion.	☐	☒

Aufgabe 2

Controlling hat folgende Funktionen zu erfüllen (bitte ergänzen Sie):

Ermittlungs- und Dokumentations- funktion	Planungs-, Prognose- und Beratungs- funktion	Vorgabe- und Steuerungsfunktion	Kontrollfunktion

Aufgabe 3

Welche Arbeitsgebiete sind eindeutig beim Controller angesiedelt?

Planung (inkl. Steue- rung, Soll- Ist- Vergleiche)	Internes Rech- nungswesen (RW), Kosten- und Leis- tungsrechnung (KLR)	Investitions- und Wirtschaftlichkeits- berechnung Allgemeine Bera- tungsaufgaben	Betriebswirt- schaftliche Sonderfragen	Berichtswesen

Aufgabe 4

Kreuzen Sie bitte an:

Aufgabengebiet	Aufgabe des Controllers	Mitarbeit des Controllers	Aufgabe anderer Stellen des Unter- nehmens
Zielsetzung		✗	✗
Planung (strategisch, operativ)	✗		✗
Operatives Marketing		✗	✗
Revision			✗
Investitionsrechnung	✗		✗
Nutzwertanalyse		✗	✗
Portfolioanalyse		✗	✗
ZBB		✗	✗

Aufgabe 5

Bitte ergänzen Sie:

```
                              ┌──────────────┐
                              │ Controlling  │
                              └──────────────┘
```

Ermittlungs- u. Dokumentations-funktion	Planungs-, Progno-se- u. Vorgabe-funktion	Steuerungs- und Beratungs-funktion	(Selbst-)Kontroll-funktion
1. Beobachtung der Leistungsfähigkeit des Rechnungswe-sens 2. Aufbau verant-wortungsbezoge-ner Kontrollein-heiten 3. Umgestaltung des Rechnungswesens entsprechend der Zielsetzung des Controlling (z.B. Profit-Center, Deckungsbeitrags-rechnung) 4. Aufbau einer aussagefähigen Kostenrechnung 5. Sonderermittlun-gen (Wirtschaft-lichkeitsuntersu-chungen, Investiti-onsberechnungen, Berichterstat-tung, Betriebsver-gleiche).	1. Aufstellen des erfolgswirtschaft-lich orientierten Gesamtplanes 2. Beratung bei der Zielfestlegung (Entwicklung von Zielen, die reali-sierbar, erreichbar und anspornend sind) 3. Koordination der verschiedenen Teilpläne 4. Beobachtung außerbetrieblicher Einflüsse und Trends 5. Engpassorientie-rung, Zukunftsaus-richtung und Feedback- und forward-Denken (vgl. Mann)	1. Laufende Beob-achtung der Planungsziele 2. Erkennen von Abweichungen und Einleiten von Gegensteuerungs-maßnahmen 3. Innovationsmotor 4. Laufende Berichts-erstattung 5. Zahlenmäßige Analyse für die Entscheidungsfin-dung und Ent-scheidungsunter-stützung	1. Planungskontrolle (Erstellen von Teilplänen und Überprüfen auf Übereinstimmung, Realisierbarkeit, formale Richtig-keit) 2. Erfolgskontrolle/ Anleitung zur Selbstkontrolle 3. Feststellen von Abweichungen, Ursachen und Abweichungskon-trolle 4. Resultatskontrolle (Feststellen von Resultaten und Überprüfen der Ergebnisse) 5. Allgemeine Kon-trollaufgaben (z.B. Bildung von Richtwerten).

```
┌────────────────────────────────────────────────────────────────────┐
│ Letztlich: Schaffung eines Informationsinstrumentariums mit der damit │
│ verbundenen Datener- und verarbeitung, das insbesondere durch lau-    │
│ fende Steuerungs- und Kontrollinformationen (durch institutionalisier-│
│ te, permanente Soll-Ist-Vergleiche) die Realisation der formulierten  │
│ Unternehmungsziele sicherstellen soll.                                │
└────────────────────────────────────────────────────────────────────┘
```

```
┌────────────────────────────────────────────────────────────────────┐
│         Betriebswirtschaftliches Gewissen der Unternehmung!          │
└────────────────────────────────────────────────────────────────────┘
```

Aufgabe 6

Kreuzen Sie bitte an:

Aufgabengebiet	Aufgabe des Controllers	Mitarbeit des Controllers	Aufgabe anderer Stellen des Unternehmens
Zielsetzung		✗	✗
Planung, operative, strategische Planung	✗		✗
Operatives Marketing		✗	✗
Revision			✗
Investitionsrechnung	✗		
Nutzwertanalyse		✗	✗
Portfolioanalyse		✗	✗
ZBB		✗	✗

Aufgabe 7

Versuchen Sie, ein Anforderungsprofil in persönlicher und fachlicher Hinsicht für einen Controller zu zeichnen. Ergänzen Sie bitte:

Methodisch-fachliche Fähigkeiten	Verhaltensanforderungen
1. Kosten- und Leistungsrechnung	1. Analytisches Denken
2. Planungsmethoden/	2. Kooperationsfähigkeit mit
3. Unternehmungsplanung	3. Durchsetzungsvermögen
4. Betriebliches Rechnungswesen	4. Objektivität
5. Business Intelligence/ORG.-DV	5. Artikulations- und Motivationsfähigkeiten
6. Investitions- und Wirtschaftlichkeitsrechnung	6. Zielkonsequenz

Aufgabe 8

Welche der im Folgenden aufgeführten Aussagen über den Controller scheinen Ihnen richtig?

	Ja	Nein
– Der Controller ist ein überragender Fachmann auf seinem Gebiet.	☒	☐
– Er sollte aus erkannten Fehlern und Irrtümern lernen.	☒	☐
– Er sollte sich keinesfalls eine Blöße geben und auch bei offensichtlichen Fehlern diese als sekundär einstufen.	☐	☒
– Er muss objektiv und fair in seinen Aussagen sein.	☒	☐

	Ja	Nein
– Er muss ein ausgesprochener Fachmann auf all den Gebieten sein, die er jeweils untersucht.	☐	☒
– Er muss einen hohen Informationsgrad haben und die Fähigkeit besitzen, Informationen weiterzugeben.	☒	☐
– Er muss in Einzelfällen kompromissbereit sein.	☒	☐
– Er muss Mitarbeiter motivieren können.	☒	☐
– Er muss versuchen, durch Überredung die Controllingziele zu erreichen.	☐	☒
– Er zeigt Alternativen und lässt die Betroffenen selbst entscheiden.	☒	☐
– Er geht von der Zielsetzung aus und orientiert sich ausschließlich an diesen Zielen.	☒	☐
– Er muss den Mut haben, unpopuläre Entscheidungen mitzutragen.	☒	☐
– Er darf sich von dem eingeschlagenen Weg nicht ständig abbringen lassen.	☒	☐

Aufgabe 9

Welche Hauptaufgabe muss eine Controlling-Stellenbeschreibung enthalten?

1. Ermittlungs- und Dokumentationsfunktion
2. Planungs- und Prognosefunktion
3. Steuerungsfunktion
4. Kontrollfunktion
5. Betriebswirtschaftliche Sonderaufgaben

Aufgabe 10

Welche Instrumente sollte der Controller (bitte in Reihenfolge der Prioritäten) in einem Unternehmen aufbauen (nicht beschreiben, nur stichpunktartig aufführen)?

1. Kosten- und Leistungsrechnung
2. Unternehmensplanung
3. Kennzahlensystem
4. Wirtschaftlichkeitsanalyse
5. Kosten- und Nutzenanalyse

Aufgabe 11

Stellen Sie bitte grafisch das sogenannte Promotoren Gespann (nach Witte, E.) dar.

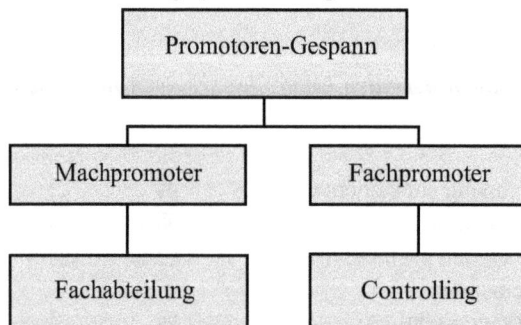

3 Controlling in institutioneller Hinsicht

3.1 Einordnung des Controllers in die Unternehmungshierarchie

Aufgabe 1

Entwerfen Sie eine Matrix-Organisation in einem Großunternehmen unter Berücksichtigung des Controllings.

Unternehmens- bereiche Zentral- Bereiche	Produkt- gruppe A Geschäfts- bereiche Werke	Produkt- gruppe B	Produkt- gruppe C	Produkt- gruppe D	Produkt- gruppe E
Controlling					
Finanzbereich					
Personalbereich					
Allg. Verwaltung					
Materialbereich					
Technischer Bereich					
Vertriebsbereich					

Aufgabe 2

Beschreiben Sie die Nachteile dieser Einordnung des Controllers in die Unternehmenshierarchie:

1. Interessenkollision
2. Unabhängigkeit des Controllers nicht gegeben
3. Administrationsbereich wird aus dem Controlling evtl. ausgeklammert.

Aufgabe 3

Bitte beantworten Sie folgende Aussagen:

	Ja	Nein
– Die Einordnung des Controllers in die Hierarchie ist eindeutig.	☐	☒
– Der Controller sollte möglichst der obersten Führungsspitze unterstellt sein.	☒	☐

	Ja	Nein
– Die Matrix-Organisation hat sich v.a. in kleineren Unternehmen bewährt.	☐	☒
– Der Trend der Einordnung geht zur Stabsstelle.	☐	☒
– Der Bereich des Controllers sollte möglichst klein gehalten werden.	☒	☐

3.2   Controlling in Stabs- oder Linienfunktion?

Aufgabe 1

In einer Unternehmung hat der Controller eine Stabsstelle bei der Geschäftsleitung.

Wie wirken Sanktions- und Legitimationsmacht im Promotoren-Modell zusammen?

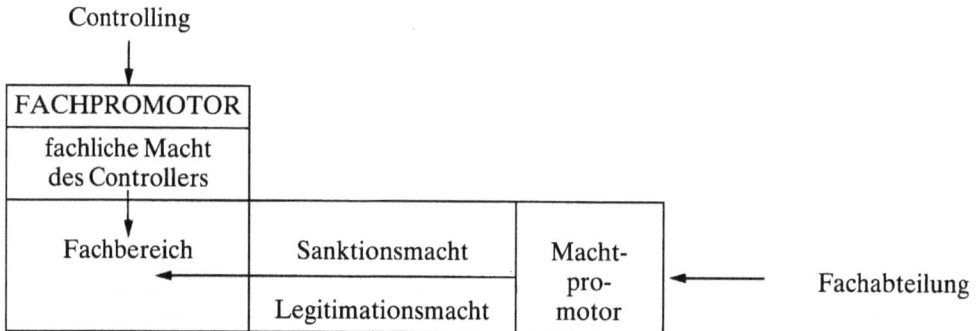

Aufgabe 2

Diese durchaus mögliche Installierung hat gewisse Nachteile. Stellen Sie diese Nachteile dar.

1. Akzeptanz und Durchsetzungsfähigkeit sind im Unternehmen problematisch.
2. Praxisnähe könnte verloren gehen.
3. Weisungsbefugnis nur über Geschäftsleitung
4. „Abwertung" des Controllers

Aufgabe 3

Nehmen Sie kritisch zur Behauptung Stellung, dass die Controllerstelle in Stabsfunktion der sicherste Weg zum Nichtfunktionieren des Controllings sei.

Die grundsätzlichen Probleme jeder Stabsstelle würden im Controlling u.a. konkret bedeuten:

1. Mangelnde Entscheidungsbefugnis
2. Gefahr der Theorisierung
3. Nicht im Thema
4. Durchsetzungsprobleme

3.3 Unternehmensgröße und Controlling

Aufgabe 1

Fallbeispiel: Controlling im Mittelstand

Braucht die Autozubehör GmbH einen Controller – und wenn ja, welche Aufgaben sollten dem Controller dann übertragen werden? Rechnet sich der Controller?

Bei der genannten Umsatzrendite wird ein Gewinn von 50.000 € erzielt, d.h. der Controller würde mehr als den derzeitigen Gewinn kosten. Daher ist sehr genau zu prüfen, welche zusätzlichen Aufgaben der Controller wahrnehmen könnte:

Der Controller könnte in dem genannten Unternehmen die Kalkulationsdaten überarbeiten oder Kalkulationen erstmals erstellen, die Einkaufsseite optimieren oder durch Marktanalysen und Methodenbereitstellung die Absatzseite detailliert analysieren und dort neue Potenziale finden etc.

3.4 Abgrenzung Controlling von Finanz- und Rechnungswesen und Revision

Aufgabe 1

Worin liegen die Hauptunterschiede von Rechnungswesen und Controlling?

Controlling	Rechnungswesen
Informations<u>ver</u>arbeitung	Informations<u>er</u>arbeitung
Zielorientierter Erfolgsaspekt	Rechnungsmäßiger Ermittlungs- und Dokumentationsaspekt
Zukunftsorientierung und Gegenwartsorientierung	Vergangenheitsorientierung

4 Planung und Budgetierung

Aufgabe 1

Welchen Sinn hat die Planung?

Partizipation	Teilnahme aller Führungskräfte bei der Aufstellung der gemeinsamen Pläne als Basis für künftige Aktivitäten.
Kommunikation	Planung ist ein formeller Weg der gegenseitigen Information, um Planansätze zu generieren.
Koordination	Planung zeigt, wo und warum Koordination und Aktivitäten nötig sind, um eine positive Zusammenarbeit sicherzustellen.
Terminierung	Pläne zeigen, welche Aktivitäten zu welchem Zeitpunkt erforderlich sind.

Aufgabe 2

Bringen Sie bitte die im Folgenden aufgeführten Phasen des Planungsprozesses in die richtige Reihenfolge:

1. Festlegung der Ziele
2. Akzeptanz und Durchsetzungsfähigkeit.
3. Informationserarbeitungsprozess (evtl. auch an erster Stelle in der Praxis)
4. Prognose
5. Planung der Zielrealisation
6. Kontrolle

Aufgabe 3

Welche Pläne sind in der betrieblichen Praxis meist vorrangig?

– Absatzpläne
– Finanzierungspläne
– Produktionspläne

Aufgabe 4

Wo liegen die Grenzen jeder Planung?

Wirtschaftlichkeit und ökonomisches Prinzip, d.h. Erkenntniswert der Planung und Kosten für die Erstellung der Planung müssen im angemessenen Verhältnis stehen. Die Grenzen jeder Planung werden außerdem von Zielfindung und den Möglichkeiten der Informationsgewinnung bestimmt.

Aufgabe 5

Was bedeutet die Regel im Controlling: Umsatztrend + in der 1. Jahreshälfte, Kostentrend + in der 2. Jahreshälfte?

Gefährdung der Erwartungsrechnung durch den allgemein zu beobachtenden Trend, dass der Umsatz in der ersten Jahreshälfte meist über Plan verläuft und die Kosten im ersten Halbjahr unter dem Kostenplan liegen. In der zweiten Jahreshälfte ist es dagegen meist umgekehrt. D.h. der Controller kann hier falsche Prognosen abgeben, falls er dieses Phänomen nicht kennt.

Aufgabe 6

Ist folgende Aussage richtig, dass bei einer guten Planung im Controlling die Abweichungen höchstens 1 % sein dürfen?

Nein, denn das „Soll = Ist" ist eine Fiktion.

Das Kennzeichen einer guten Planung ist nicht eine möglichst geringe Abweichung. Wo geplant wird, entstehen Abweichungen zwangsläufig.

Aufgabe 7

Was sind die wesentlichen Merkmale des Zero-Base-Budgeting?

–   Formulierung von zielorientierten Entscheidungspaketen
–   Festlegung von Aktivitätsbündeln unter Berücksichtigung der Einsatzfaktoren Mensch, Betriebsmittel, Werkstoff
–   Formulierung erwarteter Kosten-Nutzen-Relationen
–   Bewertung der einzelnen Leistungsstufen (Soll-Leistung)

Aufgabe 8

Die Koordination der Planung kann grundsätzlich von „unten nach oben" (Bottom-up-Planung) oder von „oben nach unten" (Top-down-Planung) erfolgen.

1.   *Stellen Sie die Vor- und Nachteile beider Verfahren dar (Stichpunkte!).*

	Vorteile	**Nachteile**
Top-down-Planung	Ganzheitliche Zielformulierung wird versucht, durchzusetzen. Alle Führungsebenen werden an diesem Ziel gemessen. Information über Gesamtziele	Zielvorgabe für alle Ebenen nur schwer definierbar. Gefahr, dass man nur solche Pläne aufstellt, die leicht verwirklicht werden (niedriges Anspruchsniveau). Gefühl von zu hohen Planungsvorgaben.
Bottom-up-Planung	Teilpläne stehen im Mittelpunkt, die schrittweise verdichtet werden, um so einen Gesamtplan zu generieren. Mehr Motivation für die einzelnen Ebenen	Evtl. niedriges Gesamtzielniveau (Nivellierungsgefahr!) Zusammenfassung von Teilplänen eventuell nicht sinnvoll und zielführend. Man baut Planreserven auf.

2. *Welche Möglichkeit ist gegeben, die Nachteile weitgehend zu vermeiden und wie heißt diese Methode?*

Down up Prinzip oder
Dialogplannung oder
Gegenstrommethode

Aufgabe 9

Was sind die Gefahren der Planung?

- Festlegung nicht erreichbarer Ziele
- Unrealistische Annahmen
- Hoher Aufwand
- Falsche Plansätze bei nicht vorhersehbaren Entwicklungen
- Mögliche Frustration durch Fehleinschätzungen

Aufgabe 10

Warum ist die Planung wichtig für Unternehmen?

- Identifikation der Mitarbeiter mit dem Unternehmen
- Förderung von problem- und lösungsorientiertem Denken
- Förderung der Kommunikation
- Zwang zum Überdenken von Ad-hoc-Entscheidungen
- Ermöglichung von Soll-Ist-Vergleichen
- Erkennen und Strukturieren von Problemen
- Zwang zu wirtschaftlichem Denken und sachlichem Vorgehen
- Veranlassung, Erwartungen zu bilden
- Gesamtsicht auf das Unternehmen für die beteiligten Mitarbeiter

Aufgabe 11

Welche Aufgaben hat der Controller im Budgetierungsprozess?

- Bereitstellung der erforderlichen instrumentellen Hilfsmittel
- Terminierung der Budgetierungsarbeiten
- Überwachung des Budgetierungsfortschritts
- Motivation der Budgetierungsverantwortlichen zur Mitarbeit
- Budgetentwürfe sammeln und bewerten
- Budgetentwürfe zur Entscheidungsvorlage aufbereiten
- Führung von „Knetungsgesprächen" (gemeinsam mit Bereichsverantwortlichen und GF)
- Koordination und Integration der Teilbudgets zum Gesamtbudget
- Sicherstellen, dass das operative Budget in Übereinstimmung mit der strategischen Planung steht

Aufgabe 12

Was sind wesentliche Kritikpunkte an der klassischen Budgetierung und Planung?

- Die Prozesse sind zeit- und ressourcenintensiv.
- Die Planungsroutinen eröffnen kaum Möglichkeiten zur Flexibilität.
- Die strategische Planung wird nicht direkt mit der Budgetierung verknüpft.
- Es werden nur finanzielle Steuerungsgrößen betrachtet.
- Die Dynamik der Märkte wird nur ansatzweise berücksichtigt.

Aufgabe 13

Welche Maßnahmen können im Rahmen des „Better Budgeting"-Konzepts ergriffen werden?

- Fokussierung von Planungsinhalten durch Reduktion von Dimensionen und Verzicht auf Detailbudgets
- Vereinbarung relativer Ziele und Einbeziehung von Benchmarking
- Arbeit mit Rolling-Forecasts
- stärkere Top-down-Planung
- Vereinfachung der Budgetverabschiedungsprozesse
- Bessere IT-Unterstützung der Planung durch Business-Intelligence-Systeme

Aufgabe 14

Stimmen folgende Aussagen?

	Ja	Nein
– Der Controller sollte nach der Dialog-Planung vorgehen.	☒	☐
– Bei der Koordination der Teilpläne darf sich die Planung nicht am Engpass orientieren.	☐	☒
– Die Globalpläne müssen in operative Teilpläne zerlegt werden.	☒	☐
– Die Erreichung der Teilpläne sollte auf langfristiger Basis sein.	☐	☒
– Der Controller setzt die Teilpläne autoritär durch – ohne Aufzeigen von Alternativen.	☐	☒

Aufgabe 15

Wo liegen die Grenzen jeder Planung?

Wirtschaftlichkeit und ökonomisches Prinzip, d.h. Erkenntniswerte der Planung und Kosten für die Erstellung der Planung müssen im angemessenen Verhältnis stehen. Die Grenzen jeder Planung werden außerdem von der Zeitermittlung und den Möglichkeiten der Informationsgewinnung bestimmt.

Aufgabe 16

Zeigen Sie die verschiedenen Formen der Planung auf:

1. offene Planung
2. geschlossene Planung
3. lang-, mittel- und kurzfristige Planung
4. Alternativplanung
5. fortlaufende Planung
6. fallweise Planung
7. rollende Planung

Aufgabe 17

Welche Ursachen für Abweichungen gibt es?

– Sie können an einer fehlerhaften Planung (Planungsgebaren), Organisation und Durchführung liegen.
– Die aufgestellten Ziele können unrealistisch gewesen sein (zu hoch, zu niedrig) oder Ausgangssituation ist überholt.
– Die Abweichungen können auf unvorhergesehenen externen Vorfällen beruhen.
– Abweichungen können aufgrund von Rationalisierung und organisatorischen Verbesserungen entstehen.
– Sie sind auf strukturelle Änderungen (Einsatz neuer Maschinen u. Techniken) zurückzuführen.
– Abweichungen können durch Änderung der Einkaufspreise und/oder Wertsätze bei Einsatzmaterialien, Fremdleistungen Sowie Lohn- und Gehaltskosten entstanden sein.
– Abweichungen können echte Mehr- oder Minderverbräuche der Menge nach sein.
– Ursache kann auch in einer zeitlichen Verschiebung des Kostenanfalls zu suchen sein.
– Abweichungen können auf Kontierungsfehlern beruhen, wenn z.B. die Ist-Zahlen anders erfasst werden als die entsprechenden Planwerte angesetzt wurden.

Aufgabe 18

Planungsfehler beruhen meist auf:

	Ja	Nein
– Relevante Informationen werden nicht berücksichtigt.	☒	☐
– Prämissen über künftige Entwicklungen sind falsch.	☒	☐
– Planungsmethoden sind veraltet.	☒	☐
– Vergangenheitswerte werden zu wenig berücksichtigt.	☒	☐
– Vergangenheitswerte sind die Basis für Neuplanung.	☐	☒

5   Berichtssystem im Controlling

Aufgabe 1

Nennen Sie die Gestaltungsdimensionen für das Berichtswesen.

- Zweck
- Inhalt
- Termin
- Form
- Empfänger
- Berichtersteller
- Typ

Aufgabe 2

Was sind wichtige Erfolgsfaktoren für das Berichtswesen?

- Konsequente Ausrichtung auf Steuerungsverständnis des Managements
- Adressatengerechte Aufbereitung der Berichte
- Schaffung von ebenengerechten Berichtspyramiden
- Steigerung der Effizienz des Berichtswesens durch Automatisierung
- Sicherstellung der Qualität des Berichtswesens
- Verankerung des Berichtswesens im Führungssystem

Aufgabe 3

Welche Anforderungen müssen bei den drei Berichtstypen erfüllt sein?

1. Standardberichte: Analyse des Informationsbedarfs Festlegung der wesentlichen Elemente des Berichts
2. Abweichungsberichte Bestimmung der Höhe der Schwellenwerte, ab deren Über- oder Unterschreitung ein Bericht erstellt wird
3. Bedarfsberichte Erforderlich bei zusätzlichem Informationsbedarf nach Fertigstellung der Standard- oder Abweichungsberichte – mit heutiger DV (Business-Intelligence-Systeme) leichter möglich.

Aufgabe 4

Welche Nachteile hat ein Tabellenkalkulationsprogramm wie Excel als Berichtssoftware?

- Fehlende Versionsverfolgung/keine Revisionssicherheit
- Sicherheit: differenzierter Zugriffsschutz nur sehr aufwendig einrichtbar
- Individuelle Ergänzung von Makros zur Abbildung von Funktionen führt zu Individualsoftware, die aufwendig gewartet werden muss
- Workflow (z.B. für Planungsprozesse) nicht abbildbar

Aufgabe 5

Was versteht man unter Business Intelligence?

Ein integrierter Informations- und kommunikationstechnologiebasierter Gesamtansatz zur betrieblichen Entscheidungsunterstützung

Einsatz vor allem im Berichtswesen und in der fallweisen Planung. Business-Intelligence-Werkzeuge sorgen für Sammlung, Aufbereitung und Verteilung entscheidungsrelevanter Daten zur Planung, Steuerung und Kontrolle von Unternehmen.

Aufgabe 6

Nennen Sie zentrale Fragen, die der Controller vor Erstellung eines Berichtes erarbeitet haben sollte.

–   Was ist der Zweck der bereitgestellten Informationen und wie werden die Informationen genutzt?
–   Welcher Berichtstyp und welcher Berichtstermin bietet sich – ausgehend vom Zweck – an?
–   Was ist der Inhalt, der beim Informationsempfänger hängen bleiben soll?
–   Wie kann der Bericht adressatengerecht gestaltet werden?

Aufgabe 7

Welche Schritte sind beim Soll-Ist-Vergleich nötig?

1.   Aufzeigen der Ist-Werte
2.   Erkennen von Abweichungen (gemessen an den Planwerten/Sollwerten)
3.   Ermittlung von Abweichungsursachen
4.   Definition von Korrekturmaßnahmen
5.   Abwägung der Korrekturmaßnahmen
6.   Vorschlag von Korrekturlösungen
7.   Herbeiführen von Entscheidungen
8.   Veranlassen/Einleiten und Durchführung der getroffenen Korrekturentscheidungen
9.   Überprüfung der eingeleiteten Korrekturen

Aufgabe 8

Welche Bausteine sollten Controllerberichte enthalten?

–   Erfolgsrechnung
–   Absatzbereich
–   Personalbereich
–   Produktionsbereich
–   Finanzbereich
–   Materialbereich
–   Kostenübersichten

Aufgabe 9

Welche Funktion erfüllen Controllerberichte?

Controllerberichte dienen nicht nur der Unternehmensleitung als Entscheidungshilfe, sondern sind ein Instrumentarium des Controllers, das auf jeder Stufe und in jedem Bereich des Unternehmens erkennen lassen soll, wie weit die definierten Ziele erreicht bzw. gefährdet sind.

6   Kennzahlensystem des Contollers

Aufgabe 1

Die Kennzahl ROI drückt aus

	Ja	Nein
– den Anlagendeckungsgrad	☐	☒
– die Kombination aus Umsatzrentabilität und Umschlagshäufigkeit	☒	☐
– die Produktivität	☐	☒
– die Liquidität	☐	☒

Aufgabe 2

Welche Größen erhöhen den „Cashflow"?

- Betriebsergebnis
- Abschreibungen
- Eigenkapitalzinsen
- Bildung von Rückstellungen
- Kalkulatorischer Unternehmerlohn
- Nicht ausgabenwirksame Aufwendungen

Aufgabe 3

Kennzahlen sind:

	Ja	Nein
– Beurteilungsmaßstab für den Grad der Zielerreichung	☒	☐
– Grundlagen für die Preisermittlung	☐	☒
– Analyseinstrument	☒	☐
– qualitative Risikoindikatoren	☐	☒
– Mittel der Erfolgskontrolle	☒	☐
– Instrument zur quantitativen Risikoanalyse	☒	☐

Aufgabe 4

Welche Aufgaben erfüllen Kennzahlen?

Kennzahlen können:
- Schwachstellen aufzeigen
- Abweichungen signalisieren
- erfüllen die Funktion eines Beurteilungs- und Entscheidungsbarometers
- kausale Zusammenhänge (Wirkung und Ursache) aufzeigen
- Möglichkeit, die Situation eines Unternehmens im Vergleich zu anderen Unternehmen realistisch zu sehen

Aufgabe 5

Welche Bedeutung haben Kennzahlen?

1. Sie erlauben Maßstäbe.
2. Sie üben Erfolgskontrollfunktion aus.
3. Sie ermöglichen Vergleiche (innerbetriebliche und außerbetriebliche).
4. Sie erlauben, vieldimensionale Sachverhalte der Unternehmung darzustellen.

Aufgabe 6

Welche Kriterien sind bei der Auswahl von Kennzahlen zu berücksichtigen?

– Die Zielsetzung muss erkennbar sein.
– Sie müssen den Kriterien der Wirtschaftlichkeit genügen.
– Sie müssen aktuell sein.
– Sie sollten in der Zahl beschränkt bleiben.
– Es sollte eine Bedarfsanalyse vorgenommen werden, um festzustellen, welche Kennzahlen tatsächlich gewünscht und benötigt werden.
– Kennzahlen sollten zukunftsorientiert sein, d.h. nicht nur die Vergangenheit beschreiben.

Aufgabe 7

Nennen Sie beispielhaft einige spezielle Kennzahlen für die einzelnen Unternehmensbereiche:

WPK-Wert	⟶	Produktion
MGK	⟶	Materialbereich
Cashflow	⟶	Gesamtunternehmen

Aufgabe 8

Als Produktivitätskennzahlen können gelten:

	Ja	Nein
– WPK-Wert	☒	☐
– Anlagendeckung	☐	☒
– Cash-Flow	☐	☒
– Pro-Kopf-Wertschöpfung	☒	☐
– Kapitalumschlag	☐	☒

Aufgabe 9

Welche Antwort trifft auf die Frage „Was ist eine Umsatzrendite?" zu?

Umsatzrendite = Gewinn/Umsatz × 100

Aufgabe 10

Was ist aus der „Kapitalumschlagshäufigkeit" zu erkennen?

Wie häufig sich das Kapital im Umsatz wiederfindet.

Aufgabe 11

a)   Wie sind die Kennzahlen für den ROI (Return On Investment) definiert?

ROI = Umsatzrendite × Kapitalumschlag,

Umsatzrendite = Gewinn × 100/Nettoumsatz

Kapitalumschlag = Nettoumsatz/Gesamtkapital × 100

b)   Aus welchen Größen setzt sich der Cash-Flow zusammen?

Cashflow im engeren Sinne

	Nicht entnommener Gewinn
+	neu gebildete Rücklagen
+	Abschreibungen
+	Pauschalwertberichtigungen

Cashflow im weiteren Sinne

	Ausgewiesener Gewinn (+)/Verlust (-)
+(−)	Gewinnvortrag (Verlustvortrag)
+(−)	Rücklagenzuweisung (-auflösung)
+(−)	Erhöhung (Verminderung) der langfristigen Rückstellungen
+	Abschreibungen und Wertberichtigungen auf Sach- und Finanzanlagen sowie Teile des Umlaufvermögens
−	Zuschreibungen
=	Brutto-Cashflow
−	Gewinnausschüttung
+(−)	außerordentliche, betriebs- und periodenfremde Aufwendungen (Erträge), einschließlich Steuern
=	Netto-Cashflow

c)   Wie ist die Kennzahl für die „Deckungsbeitragsintensität" definiert?

Deckungsbeitragsintensität = DB I/Umsatz × 100

d)   Wie ist die Kennziffer für den „Anlagendeckungsgrad" definiert?

$$\text{Anlagendeckungsgrad} = \frac{\text{Eigenkapital} + \text{langfr. Fremdkapital}}{\text{Anlagenvermögen}} \times 100$$

e)   Mithilfe welcher Kennzahl definieren Sie die „Personalproduktivität"?

$$\text{Personalproduktivität} = \frac{\text{Umsatz (bzw. DB)}}{\text{Zahl der Mitarbeiter}}$$

Aufgabe 12

Ermitteln Sie aus dem folgenden Zahlenmaterial den „Return on Investment" und ergänzen Sie die Dupont-Pyramide:

– Umsatz	*85.000 €*
– proportionale Kosten	*30.800 €*
– Fixe Kosten	*34.100 €*
– Grundstücke und Gebäude	*11.800 €*
– Maschinen und maschinelle Anlagen	*10.700 €*
– Warenbestände	*20.500 €*
– Forderungen, flüssige Mittel, sonst. Umlaufvermögen	*13.600 €*

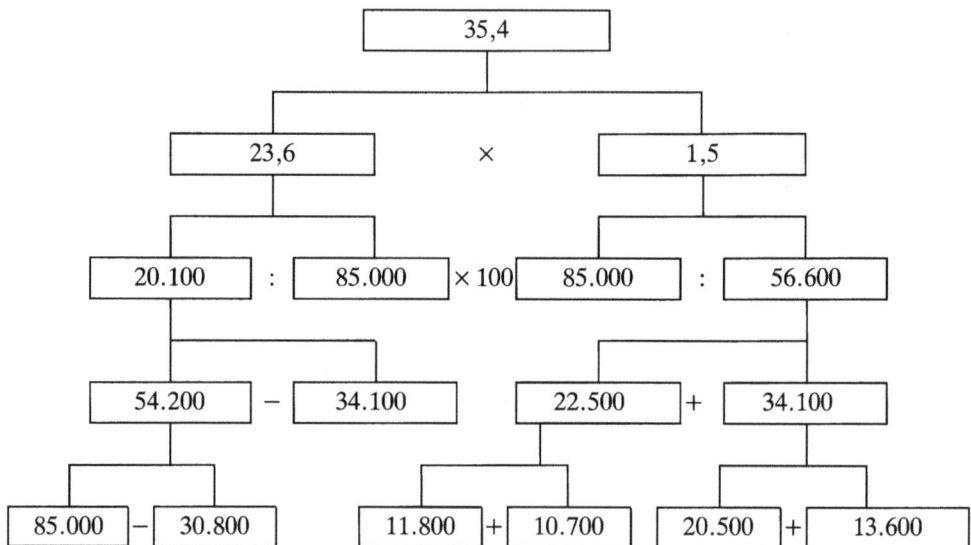

Aufgabe 13

Welche Funktionen können Kennzahlen haben?

- Anregung
- Operationalisierung
- Vorgabe
- Steuerung
- Kontrolle

Aufgabe 14

Welche Gefahren bestehen bei der Nutzung von Kennzahlen:

- Expliziter Ausschluss anderer unternehmenspolitischer Ziele durch Fixierung auf bestimmte Kennzahlen
- Primäre Ausrichtung des unternehmerischen Handelns auf bestimmte Kennzahlen
- Verwendung von Kennzahlen in Betriebsvergleichen und u.U. irreführende Orientierung an Durchschnittszahlen
- Sonstige aus der Informationsverkürzung resultierende Gefahre

Aufgabe 15

Bringen Sie den Ablauf der Kennzahlenanalyse in die richtige Reihenfolge:

1. Sachverhalt auswählen
2. Kennzahlen definieren
3. Daten erheben
4. Kennzahlenwerte analysieren
5. Aktionen planen

Aufgabe 16

Kennzahlensysteme werden unterschieden in Rechen- und Ordnungssysteme. Erläutern Sie diese Begriffe:

Rechensysteme:
Die Kennzahlen sind durch mathematische Verknüpfungen miteinander verbunden und lassen sich zu einer Spitzenkennzahl verdichten (z.B. DuPont-Kennzahlensystem).

Ordnungssystem:
Die Kennzahlen sind durch sachlogische Beziehungen verknüpft (z.B. Balanced Scorecard).

Aufgabe 17

Welche Standarddimensionen enthält die von Kaplan/Norton entwickelte Balanced Scorecard und welche Parameter werden für einzelne Unterziele jeweils abgebildet?

- Finanzen
- Kunde
- Prozesse
- Lernen/Entwicklung

Ziel – Messgröße – Vorgabe – Maßnahmen

Aufgabe 18

Was ist das „Neue" am Balanced Scorecard-Konzept?

- Die Ziele in den einzelnen Dimensionen sollten aus der Strategie des Unternehmens abgeleitet und sachlogisch miteinander verknüpft werden.
- Es werden nicht nur finanzielle, sondern auch qualitative Ziele eingebunden.
- Strategisches Instrument der internen Steuerung im Rahmen der Führungstätigkeit.
- Strategische Ziele können operationalisiert werden anhand von Kennzahlen.
- Hohe Flexibilität erlaubt Anpassung an unternehmensspezifische Bedürfnisse.

7 Kostenrechnung

7.1 Notwendigkeit, Ziele und Aufgaben der Kostenrechnung

Aufgabe 1

Aufgaben der Kostenrechnung sind:

- ☒ Kostenüberwachung
- ☐ Feststellung des Marktpreises
- ☐ Gewinnermittlung

Aufgabe 2

Die Kosten- und Leistungsrechnung:

- ☒ Ist Bestandteil des Rechnungswesens
- ☐ Ist gemäß den Vorschriften des Handels- und Steuerrechts durchzuführen
- ☐ Ist gesetzlich vorgeschrieben
- ☒ Kann als internes Rechnungswesen bezeichnet werden
- ☒ Besteht u.a. aus Betriebsabrechnung und Kalkulation

Aufgabe 3

Der Kostenrechner hat die Aufgabe,

- ☒ Entscheidungsgrundlagen für die Bereiche des Unternehmens zu liefern
- ☐ Vollkostenpreise zu erarbeiten
- ☐ Daten der Buchhaltung zu verdichten

Aufgabe 4

Führen Sie die vier Grundfunktionen der Kostenrechnung hier auf:

1. Ermittlungs- und Dokumentationsfunktion
2. Planungs- und Prognosefunktion
3. Vorgabefunktion
4. Kontrollfunktion

Aufgabe 5

Die Objektivität der Kosten:

	Ja	Nein
– bedeutet die Ausschaltung betriebsspezifischer Einflussgrößen	☐	☒
– führt zur Ausrichtung am Branchenüblichen	☐	☒

	Ja	Nein
– gleicht periodenfremde Schwankungen im Wertverzehr aus	☒	☐
– konkurriert immer mit der Aktualität	☐	☒
– dient der Verbesserung der Qualität betrieblicher Entscheidungen	☒	☐

Aufgabe 6

Der betriebliche Güter- und Werteumlauf:

	Ja	Nein
– soll durch Kosten- und Leistungsinformationen optimiert werden	☒	☐
– besteht aus einem leistungswirtschaftlichen und einem gegenläu- figen finanzwirtschaftlichen Strom	☒	☐
– ist ein selbststeuernder Prozess	☐	☒
– ist im Zeitablauf Veränderungen unterworfen	☒	☐
– wird allein durch die Finanzierungsfunktion gelenkt	☐	☒

7.2   Woher kommen die Daten für die Kosten- und Leistungsrechnung?

Aufgabe 1

Was sind die Informationsquellen der KLR?

Finanzbuchhaltung, Lohn- und Gehaltsabrechnung, Anlagebuchhaltung, Materialerfassung

Aufgabe 2

Prüfen Sie, welche der folgenden Aussagen richtig ist:

☒ Aufwendungen und Erträge sind Begriffe der Erfolgsrechnung der Geschäftsbuchführung.

☐ Aufwendung und Erträge sind Begriffe der Kosten- und Leistungsrechnung.

☐ Kosten und Leistungen sind Gegenstand der Erfolgsrechnung der Geschäftsführung.

Aufgabe 3

Wie werden Kosten bezeichnet, denen kein Aufwand gegenübersteht?

	Ja	Nein
– Sonderkosten	☐	☒
– neutrale Kosten	☐	☒
– Zusatzkosten	☒	☐
– Hilfskosten	☐	☒
– kalkulatorische Kosten	☒	☐

Aufgabe 4

Gibt es gesetzliche Vorschriften bei der Ermittlung der Kosten durch die Kostenrechnung?

Nein – Ausnahme: Vorschriften LSP bei öffentlichen Auftraggebern.

Aufgabe 5

Eine Unternehmung zahlt am 31. Dez. 2013 die Gebühren für eine Produktionslizenz für die Zeit vom 1.1. bis 30.6.2014. In der Erfolgsrechnung für das Jahr 2013 kann dieser Vorgang wie folgt berücksichtigt werden:

	Ja	Nein
– Die Gebühr wird als außerordentlicher Aufwand verrechnet.	☐	☒
– Die Gebührenzahlung wird als zeitraumfremder Aufwand verrechnet.	☒	☐
– Die Gebührenzahlung wird als „Aufwand, zugleich der Kosten der Periode" behandelt.	☐	☒

Aufgabe 6

Die Verrechnung kalkulatorischer Eigenkapitalzinsen:

	Ja	Nein
– hat in der Kostenrechnung zu unterbleiben, weil Eigenkapital nichts kostet	☐	☒
– wird nur für betriebsnotwendiges Eigenkapital vorgenommen	☒	☐
– vermindert das kalkulatorische Betriebsergebnis	☒	☐

Aufgabe 7

Zu den kalkulatorischen Kosten gehören:

	Ja	Nein
– kalkulatorischer Gewinn	☐	☒
– kalkulatorische Abschreibungen	☒	☐
– alle Zusatzkosten	☒	☐
– kalkulatorische Miete	☒	☐
– Zusatzleistungen	☐	☒

Aufgabe 8

Kalkulatorische Kosten:

	Ja	Nein
– dienen der Objektivierung der Kostenrechnung	☒	☐
– sind Zusatzkosten	☒	☐
– entsprechen dem Zweckaufwand	☐	☒
– sind Kostenarten	☒	☐
– mindern den steuerpflichtigen Gewinn	☐	☒
– erfassen z.B. den Zinsaufwand	☐	☒

Aufgabe 9

Der kalkulatorische Unternehmerlohn entspricht:

	Ja	Nein
– den Privatentnahmen	☐	☒
– dem Jahresgewinn	☐	☒
– der Verzinsung des investierten Kapitals	☐	☒
– dem Gehalt eines vergleichbaren Angestellten	☒	☐
– dem durchschnittlichen Deckungsbeitrag	☐	☒

7.3 Kostenarten-, Kostenstellen- und Kostenträgerrechnung als Basis jedes Kostenrechnungssystems

Aufgabe 1

Der Beschäftigungsgrad ist das Verhältnis zwischen

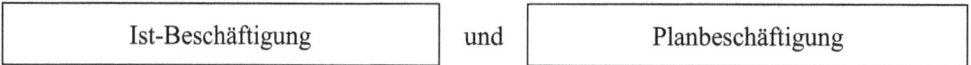

Ist-Beschäftigung	und	Planbeschäftigung

Aufgabe 2

Kennzeichnen Sie in untenstehendem Diagramm die Abszisse und die Ordinate mit der entsprechenden Dimension und zeichnen Sie in einem beliebigen Punkt die Höhe der fixen und der variablen Kosten durch geschwungene Klammern ein!

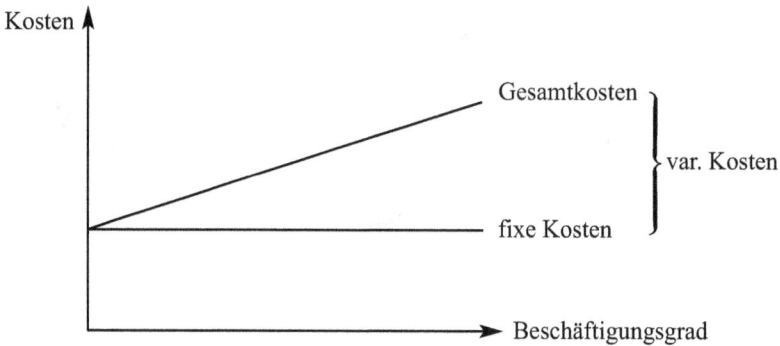

Aufgabe 3

Was ist an folgendem Satz falsch?

„Die variablen Kosten ändern sich nur, wenn der Beschäftigungsgrad kleiner wird."

Die variablen Kosten ändern sich, wenn sich der Beschäftigungsgrad ändert.

Aufgabe 4

Fixe Kosten sind:

	Ja	Nein
– immer Kostenträgereinzelkosten	☐	☒
– immer Kostenträgergemeinkosten	☐	☒
– vom Beschäftigungsgrad unabhängige Kosten	☒	☐
– im BAB enthalten	☒	☐
– dem Deckungsbeitrag gleichzusetzen	☐	☒
– in ihrer Höhe langfristig exakt bestimmbar	☐	☒

Aufgabe 5

Welche Zahl gibt bei Überbeschäftigung Auskunft über das gewinngünstigste Produktionsprogramm?

	Ja	Nein
– Deckungsbeitrag je Stück	☐	☒
– Stückgewinn	☐	☒
– Deckungsbeitrag mal umgesetzte Menge	☐	☒
– Stückgewinn mal umgesetzte Menge	☐	☒
– Deckungsbeitrag je Engpasseinheit	☒	☐

Aufgabe 6

Welche Sätze stimmen?

	Ja	Nein
– Variable Kosten sind immer proportional.	☐	☒
– Proportionale Kosten sind immer variabel.	☒	☐
– Einzelkosten sind immer direkte Kosten.	☒	☐
– Gemeinkosten sind immer fixe Kosten.	☐	☒

Aufgabe 7

Die Kostenstellenrechnung hat u.a. die Aufgabe:

☒ die Gemeinkosten verursachungsgerecht auf die Kostenstellen zu verteilen

☐ die Gemeinkosten nach festen Schlüsseln auf die Kostenstelle zu verteilen

☐ die Gemeinkosten nach dem Tragfähigkeitsprinzip auf die Kostenstellen zu verteilen

Aufgabe 8

Welche Fragestellung beinhaltet die Kostenträgerrechnung?

☐ Welche Kosten sind entstanden?

☐ Wo sind die Kosten entstanden?

☒ Wer hat die Kosten zu tragen?

Aufgabe 9

Ein Betrieb kann sich an eine Veränderung der Beschäftigung umso leichter anpassen, je

☐ höher der Anteil der variablen Kosten an den Gemeinkosten ist.

☒ höher der Anteil der variablen Kosten an den Gesamtkosten ist.

☐ höher der Anteil der Gemeinkosten an den Gesamtkosten ist.

Aufgabe 10

Welche Aussage ist richtig?

☒ Einzelkosten können fixe Kosten sein.

☐ Zusatzkosten sind immer Gemeinkosten.

☐ Gemeinkosten sind immer fixe Kosten.

Aufgabe 11

Fixe Kosten sind:

☐ dem Deckungsbeitrag gleichzusetzen

☒ von der Beschäftigung unabhängig

☐ leicht abbaufähig

Aufgabe 12

Die Gesamtkosten einer Abrechnungsperiode können unterteilt werden nach den Kriterien:

☒ Abhängigkeit von der Beschäftigung in Einzel- und Fix-Kosten

☐ Zurechenbarkeit auf die Kostenträger in Einzel- und Gemeinkosten

☐ Beziehung zum Aufwand in Grundkosten und Vertriebssonderkosten

Aufgabe 13

Welcher der drei folgenden Sätze stimmt?

☐ Variable Kosten sind immer proportional.

☒ Proportionale Kosten sind immer variabel.

☐ Einzelkosten sind immer variable Kosten.

Aufgabe 14

Nach welchen Gesichtspunkten kann eine Kostenstellenbildung erfolgen?

☐ Gesetzliche Vorschriften

☒ Verantwortungsbereich

☐ Buchhaltungsorganisation

Aufgabe 15

Welche Aussage ist richtig?

☐ Die variablen Kosten ändern sich nur, wenn der Beschäftigungsgrad kleiner wird.

☒ Die variablen Kosten verändern sich bei Veränderung des Beschäftigungsgrades.

☐ Fixe Kosten sind vom Beschäftigungsgrad abhängig.

Aufgabe 16

Welche Aussage ist richtig?

☐ Ausgangsrechnungen sind Sondereinzelkosten des Vertriebs.

☒ Kosten für Sonderverpackungsmaterial sind Sondereinzelkosten des Vertriebs.

☐ Werkzeugkosten sind Sondereinzelkosten des Vertriebs.

Aufgabe 17

Fixe Kosten sind:

☐ dem Deckungsbeitrag gleichzusetzen

☒ von der Beschäftigung unabhängig

☐ leicht abbaufähig

Aufgabe 18

Tragen Sie in die Diagramme folgende Kostenverläufe ein:

Variable Kosten, sprungfixe Kosten, Fixkosten, regressive Kosten, progressive Kosten, degressive Kosten, Fixkostendegression je Stück

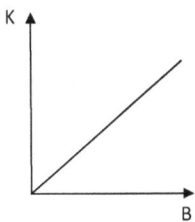

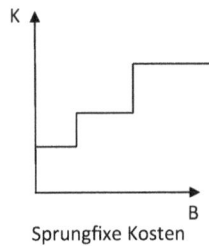

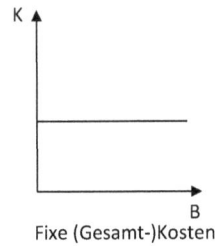

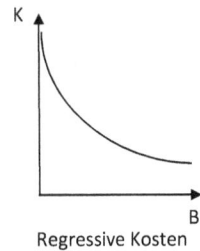

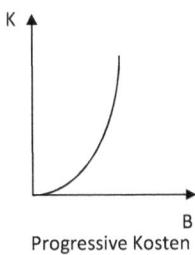

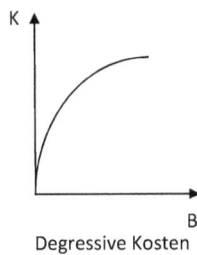

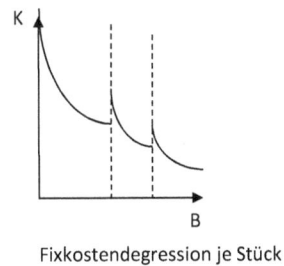

Variable Kosten

Sprungfixe Kosten

Fixe (Gesamt-)Kosten

Regressive Kosten

Progressive Kosten

Degressive Kosten

Fixkostendegression je Stück

Aufgabe 19

a) *Nehmen Sie eine Verrechnung nach dem Anbau- und dem Stufenleiterverfahren vor.*

	Instandh.	Energie	Fertigung	Material	Verwalt.	
Std.	5	10	500	30	20	565
Kosten	5.600,00					
A.1. Anbauverfahren						
Verrechnungspreis	−5.600,00		5.090,00	305,40	203,60	
5.600/(500 + 30 + 20) = 10,17 €/Std.						
	0,00					

A.2. Stufenleiterverfahren	Instandh.	Energie	Fertigung	Material	Verwalt.	
Verrechnungspreis	−5.600,00	100,00	5.000,00	300,00	200,00	
5.600/(10+500+30+20) = 10,00 €/Std.	0,00					

b) *Nehmen Sie eine Verrechnung nach dem Verrechnungspreisverfahren vor.*

B. Verrechnungspreisver- fahren	Instandh.	Energie	Fertigung	Material	Verwalt.	
10,50 €/Std.		(10 × 10,50)	(500 × 10,5)			
	−5.880,00	105,00	5.250,00	315,00	210,00	
Gutschrift Betriebs- ergebnis	−280,00					

c) *Nehmen Sie eine Verrechnung nach dem Kostenträgerverfahren vor*

C. Kostenträgerverfahren	Instandh.	Energie	Fertigung	Material	Verwalt.	
10,50 €/Std. 565 Std.	−5.932,50					5.932,50
	(5 × 10,5)	(10 × 10,50)				
	52,50	100,00	5.000,00	300,00	200,00	−5.932,50
Gutschrift Betriebs- ergebnis	−280					

Aufgabe 20

Die Kosten- und Leistungsrechnung:

	Ja	Nein
– umfasst Kostenarten-, -stellen und Kostenträgerrechnung	☒	☐
– ist Teil der Geschäftsbuchhaltung	☐	☒
– erfolgt aufgrund der Vorschriften des Handels- und Steuerrechts	☐	☒
– ist im Dienstleistungsbereich überflüssig	☐	☒

Aufgabe 21

Das Betriebsergebnis einer Abrechnungsperiode:

	Ja	Nein
– ist die Differenz zwischen Kosten und Leistung dieser Periode	☒	☐
– ergibt zusammen mit dem neutralen Ergebnis das Gesamtergebnis	☒	☐
– wird in die Bilanz übernommen	☐	☒

Aufgabe 22

Die Gesamtkosten einer Abrechnungsperiode können unterteilt werden nach den Kriterien:

1.	„Abhängigkeit von der Beschäftigung" in	variable Kosten	und	Fixkosten	
2.	„Zurechenbarkeit auf die Kostenträger" in	Einzelkosten	und	Gemeinkosten	
3.	„Beziehung zum Aufwand" in	Grundkosten	und	Zusatzkosten	

Aufgabe 23

Direkt zurechenbare Kosten:

	Ja	Nein
– werden immer als Einzelkosten verrechnet	☒	☐
– können nur variable Kosen sein	☐	☒
– gibt es auch bei der Handelskalkulation	☒	☐
– sind z.B. das Fertigungsmaterial	☒	☐
– sind immer primäre Kosten	☐	☒

Aufgabe 24

Stimmen folgende Aussagen?

	Ja	Nein
– Einzelkosten können fixe Kosten sein.	☒	☐
– Zusatzkosten sind immer Gemeinkosten.	☐	☒
– Proportionale Kosten sind variable Kosten.	☒	☐
– Auch proportionale Kosten können Gemeinkosten sein.	☒	☐
– Alle Einzelkosten sind direkte Kosten.	☒	☐

Aufgabe 25

Die Bildung von Kostenstellen:

	Ja	Nein
– kann unter räumlichen Aspekten erfolgen	☒	☐
– ist in Einproduktbetrieben überflüssig	☐	☒
– ist Voraussetzung für die Erstellung von Betriebsabrechnungsbögen	☒	☐
– ist auch in den meisten Kleinbetrieben anzutreffen	☐	☒
– kann nach Einführung der Plankostenrechnung aufgegeben werden	☐	☒

	Ja	Nein
– ist bei der einfachen Zuschlagskalkulation auf Hilfskostenstellen beschränkt	☐	☒
– erfolgt auch im Handel (nach Produkten oder Produktgruppen)	☒	☐
– führt zum Entstehen von Verantwortungsbereichen	☒	☐
– wird mit Einführung einer Deckungsbeitragsrechnung (Einzelkostenrechnung) überflüssig	☐	☒

Aufgabe 26

Die Einzelkosten einer Abrechnungsperiode:

	Ja	Nein
– werden im BAB ausgewiesen	☒	☐
– sind Basis für die Verrechnung der Gemeinkosten	☒	☐
– können kalkulatorische Kosten enthalten	☒	☐
– werden geschlüsselt den Hilfskostenstellen zugerechnet	☐	☒
– werden auch in der Aufwands- und Ertragsrechnung ermittelt	☐	☒

Aufgabe 27

Die Aufgliederung eines Betriebes in Kostenstellen:

	Ja	Nein
– ist auf Industriebetriebe beschränkt	☐	☒
– ist Voraussetzung für die Erstellung von Betriebsabrechnungsbögen	☒	☐
– wird durch eine Kostenplatzbildung verfeinert	☒	☐
– kann nach Verrichtungen erfolgen	☒	☐

Aufgabe 28

Nach welchen Gesichtspunkten kann eine Kostenstellenbildung erfolgen? Nach:

	Ja	Nein
– Umlageschlüsseln	☐	☒
– Kostenarten	☐	☒
– Räumlichen Gesichtspunkten	☒	☐
– Grundfunktionen	☒	☐
– Gesetzlichen Vorschriften	☐	☒
– Gleichen Verrichtungen	☒	☐
– Kontenrahmen	☐	☒
– Produktgruppen	☒	☐
– Personellen Gesichtspunkten	☐	☒
– Verantwortungsbereichen	☒	☐

Aufgabe 29

Welche der folgenden Schlüssel sind zur Verteilung der Stromkosten auf Fertigungsstellen geeignet?

	Ja	Nein
– Anzahl der Beschäftigten je Kostenstelle	☐	☒
– Anschlusswerte	☒	☐
– Raumgröße	☐	☒
– Gebundenes Kapital in den einzelnen Abteilungen	☐	☒
– Installierte Kilowatt	☒	☐

Aufgabe 30

Herstellkosten:

	Ja	Nein
– sind in der Zuschlagskalkulation die Basis des Gewinnzuschlages	☐	☒
– enthalten sekundäre und kalkulatorische Kosten	☒	☐
– sind die Bezugsgröße bei Errechnung des Soll-Gemeinkosten-zuschlagsatzes für die Kostenstelle Verwaltung	☒	☐
– setzen sich aus Material-, Fertigungs- und Verwaltungskosten zusammen	☐	☒
– entsprechen bei der kurzfristigen Erfolgsrechnung den Gesamt-kosten	☐	☒

Aufgabe 31

Gemeinkostenzuschlagsätze:

	Ja	Nein
– werden im Betriebsabrechnungsbogen nur zwecks Kostenkontrolle ermittelt	☐	☒
– basieren auf der Annahme des proportionalen Verhaltens von Kostenträgergemeinkosten zu Kostenträgereinzelkosten	☒	☐
– sind zur Durchführung der Vorkalkulation erforderlich	☒	☐
– ermöglichen eine direkte Zurechnung der Gemeinkosten auf die Kostenträger	☐	☒
– werden ausschließlich auf der Basis von Einzelkosten ermittelt	☐	☒

Aufgabe 32

Die kurzfristige Erfolgsrechnung:

	Ja	Nein
– dient der Ermittlung von Angebotspreisen	☐	☒
– wird auch Kostenträgerzeitrechnung genannt	☒	☐
– vergleicht immer die in einer Periode entstandenen Selbstkosten mit den Erlösen	☐	☒
– ermittelt, bezogen auf ein Jahr, das gleiche Ergebnis wie die Gewinn- und Verlust-Rechnung	☐	☒
– bezieht zur Ermittlung des Betriebsergebnisses Kosten und Leistungen ein	☒	☐

Aufgabe 33

Ein BAB hat folgende Aufgaben:

	Ja	Nein
– Verteilung der Gemeinkosten auf die Kostenstellen	☒	☐
– Errechnung der Rentabilität	☐	☒
– Umlage von Hilfskostenstellen	☒	☐
– Umlage der Hauptkostenstelle Material	☐	☒
– Ermittlung von Zuschlagssätzen	☒	☐
– Ermittlung des Periodenaufwands	☐	☒

Aufgabe 34

Haupt- und Hilfskostenstellen unterscheiden sich dadurch, dass:

	Ja	Nein
– nur Hilfskostenstellen mit Gemeinkosten belastet werden	☐	☒
– nur Hauptkostenstellen mit kalkulatorischen Kosten belastet werden	☐	☒
– nur für die Hauptkostenstellen ein Zuschlagssatz für die Kostenträger ermittelt wird	☒	☐
– in Hilfskostenstellen anteilige Fertigungslöhne erfasst werden	☐	☒
– nur die Materialhauptstellen auf die anderen Kostenstellen umgelegt werden	☐	☒

Aufgabe 35

Eine Hilfskostenstelle:

	Ja	Nein
– wird von den Kostenträgern durchlaufen	☐	☒
– ist z.B. die „allg. Kostenstelle"	☒	☐
– wird im BAB immer umgelegt auf alle anderen Kostenstellen	☐	☒
– ist z.B. die „Fertigungshilfsstelle"	☒	☐
– sind z.B. Stromkosten	☐	☒
– entspricht einem „ Kostenplatz"	☐	☒
– ist z.B. der „Vertrieb"	☐	☒

Aufgabe 36

Um bei Zuschlagskalkulation einen Angebotspreis zu ermitteln:

	Ja	Nein
– müssen Ist-Gemeinkosten bekannt sein	☐	☒
– müssen Soll-Einzelkosten festgestellt werden	☒	☐
– können Maschinenstundensätze verwendet werden	☒	☐
– müssen mögliche Sondereinzelkosten bekannt sein	☒	☐
– wird auf Basis der Herstellkosten der Gewinnzuschlag errechnet	☐	☒

Aufgabe 37

Bitte ergänzen Sie folgendes Zuschlagskalkulationsschema:

1.	Fertigungsstoffe
2.	MGK
3.	Materialkosten
4.	Fertigungslöhne
5.	FGK
6.	Fertigungskosten
7.	Sondereinzelkosten der Fertigung
8.	Herstellkosten
9.	Verwaltungsgemeinkosten
10.	Vertriebsgemeinkosten
11.	Sondereinzelkosten des Vertriebs
12.	Selbstkosten
13.	Gewinn
14.	Barverkaufspreis
15.	Skonto
16.	Zielverkaufspreis
17.	Rabatte
18.	Verkaufspreis

Aufgabe 38

Worin liegt der Unterschied zwischen Herstellkosten und Selbstkosten?

HK plus Verwaltungs- und Vertriebskosten ergeben SK.

Aufgabe 39

Die Kostenträgerzeitrechnung (kurzfristige Erfolgsrechnung) hat die Aufgabe:

	Ja	Nein
– einzelne Aufträge zu kalkulieren	☐	☒
– den Periodenaufwand für Kostenträger und Kostenträgergruppen zu ermitteln	☐	☒
– Zuschlagssätze für Material- und Lohngemeinkosten festzustellen	☐	☒
– das Betriebsergebnis einer Abrechnungsperiode zu ermitteln	☒	☐
– den Erlösen die Kosten der verkauften Erzeugnisse gegenüberzustellen	☒	☐

Aufgabe 40

Materialgemeinkosten enthalten:

	Ja	Nein
– Roh-, Hilfs- und Betriebsstofflagerkosten	☒	☐
– Fertigwarenlagerkosten	☐	☒
– Kosten der Versandverpackung	☐	☒
– Fertigungslöhne	☐	☒

	Ja	Nein
– Fertigungsstoffe	☐	☒
– Materialprüfungskosten	☒	☐
– Kosten der Materialausgabe	☒	☐
– Fertigungshilfslöhne	☒	☐
– Gehälter	☒	☐
– Sondereinzelkosten	☐	☒
– Herstellkosten	☐	☒

Aufgabe 41

Die Anwendungsmöglichkeiten der einfachen Divisionskalkulation sind beschränkt auf:

	Ja	Nein
– Einproduktunternehmen	☒	☐
– Mehrproduktunternehmen	☐	☒
– Handwerksbetriebe	☐	☒

Aufgabe 42

Eine Kostenträgerrechnung:

	Ja	Nein
– ist eine Zeit- oder eine Stückrechnung	☒	☐
– ist z.B. die Divisionskalkulation	☒	☐
– kann auf dem Verursachungsprinzip basieren	☒	☐
– ist auch ohne Kostenstellenrechnung möglich	☐	☒
– wird nur für Hauptkostenträger durchgeführt	☐	☒

Aufgabe 43

Das Betriebsergebnis einer Abrechnungsperiode:

	Ja	Nein
– ist die Differenz zwischen Kosten und Leistungen dieser Periode	☒	☐
– ergibt zusammen mit dem neutralen Ergebnis das Gesamtergebnis	☒	☐
– lässt sich dem Betriebsabrechnungsbogen entnehmen	☐	☒
– wird auch in Handelsbetrieben ermittelt	☒	☐
– wird in die Bilanz übernommen	☐	☒

Aufgabe 44

Bei der Zuschlagskalkulation in der Industrie:

	Ja	Nein
– setzen sich die Herstellungskosten aus den Kosten der Fertigung und des Vertriebs zusammen	☐	☒
– wird der Gewinnzuschlag auf die Selbstkosten bezogen	☒	☐
– ergibt die Summe aller Fertigungslöhne in den einzelnen Kostenstellen die Fertigungskosten	☐	☒
– werden die Sondereinzelkosten des Vertriebes wahlweise entweder den Herstellkosten oder nach den Selbstkosten hinzugerechnet	☐	☒

Aufgabe 45

Zuschlagskalkulation

Wie hoch ist der Verkaufspreis anzusetzen?

1.	Fertigungsmaterialien		5.000 €	
2.	MGK		300 €	
3.	Materialkosten			5.300 €
4.	Fertigungslöhne V	8.000 €		
5.	Fertigungsgemeinkosten V	8.800 €		
6.	Fertigungskosten V		16.800 €	
7.	Fertigungslöhne IX	7.000 €		
8.	Fertigungsgemeinkosten IX	12.600 €		
9.	Fertigungskosten IX		19.600 €	
10.	Summe Fertigungskosten			36.400 €
11.	Herstellkosten			41.700 €
12.	Verwaltungs-. u. Vertriebsgemeinkosten			13.900 €
13.	Selbstkosten			55.600 €
14.	Gewinn			6.950 €
15.	Barverkaufspreis			62.550 €
16.	Rabatt			15.637,50 €
17.	Verkaufspreis			78.187,50 €

Aufgabe 46

Zuschlagskalkulation/Maschinenstundensätze

Kann hier mit der Zuschlagskalkulation gearbeitet werden?

Begründen Sie bitte Ihre Antwort.

Nein, weil die Produkte unterschiedlich teure Maschinen durchlaufen. Das Kostenverursachungsprinzip würde sonst verletzt.

Aufgabe 47

Maschinenstundensatzrechnung

1.	kalk. Abschreibung 1/12 von 66.000 €		
2.	Wiederbeschaffungswert		5.500 €
3.	Kalk. Zinsen 11 % vom halben Wiederbeschaffungswert		3.630 €
4.	Instandhaltung		4.800 €
5.	Laufende Wartung	10 €	
6.	Werkzeugkosten	15 €	
7.	Energiekosten	20 €	
8.	Summe	45 €	
9.	(× 1.500 Lastlaufstunden p.a.)		67.500 €

10.	Raumkosten (80 × 18)	1.440 €
11.	Löhne (30 × 2.000)	60.000 €
12.	Jahreskosten	142.870 €
13.	Jahreskosten je Maschinenstunde (Laufstunde)	<u>71,435 €</u>

Aufgabe 48

Ein Industrieunternehmen verteilt die Verwaltungskosten nach den Mitarbeiterzahlen. Welches wichtige Prinzip der KLR wird hier verletzt?

Das Kostenverursachungsprinzip

7.4 Wesensunterschiede Vollkostenrechnung und Teilkostenrechnung

Aufgabe 1

Welche dieser Größen in der Teilkostenrechnung (bitte ankreuzen) sind von zentraler Bedeutung?

☐ Gewinn

☒ Deckungsbeitrag

Aufgabe 2

Ein positiver Deckungsbeitrag bedeutet, dass:

☐ Gewinn erzielt wurde

☐ die fixen Kosten nicht abgedeckt werden

☒ der Erlös die variablen Kosten übersteigt.

Aufgabe 3

Errechnen Sie das Ergebnis nach der Vollkosten- und Teilkostenrechnung.

Nach der Vollkostenrechnung kommt man für Produkt B zu Selbstkosten in Höhe von 1000 € je Stück und entscheidet, nicht zu produzieren, da der Marktpreis von 1000 € lediglich diese Kosten deckt ⇨ kein Gewinn.

Nach der Deckungsbeitragsrechnung bringt Produkt B 200.000 € DB. In diesem Beispiel sind die fixen Kosten des Werks durch Produkt A bereits abgedeckt, sodass Produkt B Gewinn bringt.

	Fixkosten für	1.000 Stück B	200.000 €
	Fixkosten für	1 Stück B	200 €
	Variable Kosten pro Stück B		800 €
+	Fixkosten pro Stück B		200 €
	Selbstkosten pro Stück B		1.000 €
	Erlös für Produkt B für 1.000 Stück		1.000.000 €
−	variable Kosten		800.000 €
	Deckungsbeitrag		200.000 €

Mögl. Prod. in Stück	Auslastung	Erlös	Var. Kosten	Fixe Kosten	Ergebnis
Prod. v. 9.000 A	90 %	5.400.000	3.600.000	2.000.000	−200.000
Prod. v. 9.000 A und 1.000 B	90 % 10 %	5.400.000 1.000.000	3.600.000 800.000	2.000.000	0
Gesamtprod.	100 %	10.000.000	8.000.000	2.000.000	0

Aufgabe 4

Die Kennzahl „Deckungsbeitrag/Engpassstunde":

	Ja	Nein
– zeigt, welcher Kostenträger den Engpass am schnellsten durchläuft	☐	☒
– erläutert, welchen DB/Stück der Kostenträger liefert	☐	☒
– zielt bei Vollbeschäftigung auf Maximierung der Deckungsbeiträge ab	☒	☐
– zielt bei Unterbeschäftigung auf Maximierung der Deckungsbeiträge ab	☐	☒

Aufgabe 5

Der Deckungsbeitrag einer Leistung ist:

	Ja	Nein
– der Brutto-Gewinn	☐	☒
– die Differenz zwischen Verkaufserlös und variablen Kosten	☒	☐
– der Netto-Gewinn	☐	☒
– die Differenz zwischen fixen und variablen Kosten	☐	☒

Aufgabe 6

Wie würden Sie dieses Schema beurteilen?

Es ist eine Zuschlagskalkulation auf Vollkostenbasis, die zu völlig falschen Ergebnissen führt. Es müsste zumindest eine Trennung in direkte und indirekte Kosten erfolgen, um Deckungsbeiträge ermitteln zu können.

7.5   Formen der Teilkostenrechnung

Aufgabe 1

Ein positiver Deckungsbeitrag bedeutet bei der Grenzkostenrechnung, dass:

	Ja	Nein
– Gewinn erzielt wurde	☐	☒
– die fixen Kosten voll abgedeckt werden	☐	☒
– der Erlös die variablen Kosten übersteigt	☒	☐
– die Maschinenkapazität voll ausgelastet ist	☐	☒

Aufgabe 2

Welche Verfahren gehören zur Teilkostenrechnung?

	Ja	Nein
– Deckungsbeitragsrechnung	☒	☐
– Grenzplankostenrechnung	☒	☐
– Kostenstellenrechnung	☐	☒
– Istkostenrechnung	☐	☒

Aufgabe 3

Die Deckungsbeitragsrechnung als Grenzkostenrechnung eignet sich besonders:

	Ja	Nein
– zur Entscheidung über die Annahme eines Auftrags	☒	☐
– zur Ermittlung der Selbstkosten je Einheit bei Unterbeschäftigung	☐	☒
– zur Kalkulation der Preisuntergrenze unter Konkurrenzgesichtspunkten	☒	☐
– zur Entscheidung über eine Programmbereinigung	☒	☐
– zur Auswahl von Halbfabrikaten, die fremd bezogen werden sollen, wenn die Kapazitäten voll ausgelastet sind	☒	☐

Aufgabe 4

1. *Wie hoch sind die Einzelkosten, die Gemeinkosten und die Gesamtkosten der einzelnen Produkte?*
2. *Wie hoch ist das Ergebnis je Produkt auf Basis der Vollkostenrechnung und der Grenzkostenrechnung?*
3. *Wie hoch sind die Grenzkosten?*

Produkt	Menge	Einzelkosten	Gemeinkosten	Gesamtkosten
	Stück	€	€	€
1	500	5.000	5.000	10.000
2	200	4.000	12.000	16.000
3	300	3.600	1.800	5.400
4	400	3.200	2.560	5.760
5	500	20.000	20.000	40.000

Produkt	Verkaufserlöse	Fixkosten	Ergebnis Vollkosten	Grenzkosten	Ergebnis Grenzkosten
	€	€	€	€	€
1	5.000	5.000	–5.000	10.000	–5.000
2	20.000	4.000	4.000	8.000	12.000
3	15.000	4.000	9.600	7.600	7.400
4	4.000	2.000	–1.760	5.200	–1.200
5	100.000	6.000	60.000	26.000	74.000

Aufgabe 5

Das folgende Schema einer Einzelkostenrechnung (Zeitrechnung) enthält 5 Fehler. Kennzeichnen Sie diese Fehler bitte eindeutig (z.B. durch einen Kreis an der entsprechenden Stelle).

Kostenträger	A	B	C
Gesamtkosten	a	b	c
– Kostenträgereinzelkosten	d	e	(○)
Deckungsbeitrag I	g	h	i
	j	(○)	(○)
– Kostenträgergruppeneinzelkosten	k		
(Fixkosten)	l	m	i
	n		
(– Variable Kostenträgereinzelkosten)	0		
Periodenergebnis	p		

Aufgabe 6

Wann ist die Grenzkostenrechnung der Einzelkostenrechnung vorzuziehen?

Bei wechselnden Beschäftigungsgraden und vor allem Industrieunternehmen mit Standardfertigung.

7.6 Der höhere Informationsgehalt der Teilkostenrechnung für den Controller

Aufgabe 1

Welche Zahl gibt bei Überbeschäftigung Auskunft über das gewinngünstigste Produktionsprogramm?

	Ja	Nein
– Deckungsbeitrag je Stück	☐	☒
– Stückgewinn	☐	☒
– Deckungsbeitrag mal umgesetzte Menge	☐	☒
– Stückgewinn mal umgesetzte Menge	☐	☒
– Deckungsbeitrag je Engpasseinheit	☒	☐

Aufgabe 2

Die Gewinnschwellenanalyse:

	Ja	Nein
– dient zur Ermittlung der Leistung, die in die Gewinnzone führt	☒	☐
– ist auf Einproduktunternehmen beschränkt	☐	☒

	Ja	Nein
– berücksichtigt ausschließlich die fixen Kosten	☐	☒
– dient zur Ermittlung des Vollkostenpreises	☐	☒

Aufgabe 3

Die Vollkostenrechnung hat folgende Fehler:

	Ja	Nein
– Die unterstellte Proportionalität zwischen Einzel- und Gemeinkosten ist nicht gegeben.	☒	☐
– Durch die fortschreitende Mechanisierung wird der Anteil der fixen Kosten immer kleiner.	☐	☒
– Eine verursachungsgerechte Zuordnung der Gemeinkosten auf die Kostenträger ist nicht möglich.	☒	☐

Aufgabe 4

Ein positiver Deckungsbeitrag bedeutet, dass:

	Ja	Nein
– Gewinn erzielt wurde	☐	☒
– die fixen Kosten voll abgedeckt werden	☐	☒
– der Erlös die variablen Kosten übersteigt	☒	☐
– die Maschinenkapazität voll ausgelastet ist	☐	☒

Aufgabe 5

Der Deckungsbeitrag I ist bei der Grenzkostenrechnung die Differenz zwischen

Erlösen (Umsätzen)	und	variablen Kosten

Aufgabe 6

Ist es richtig, dass

	Ja	Nein
– immer das Produkt am meisten gefertigt werden soll, das den höchsten Deckungsbeitrag je Einheit hat?	☐	☒
– das Produktionsprogramm optimal ist, wenn die Summe aller Deckungsbeiträge und aller fixen Kosten maximal ist?	☐	☒
– beim optimalen Produktionsprogramm alle Kapazitäten voll ausgelastet sein müssen?	☐	☒
– Produkte, die keine Kapazitäten beanspruchen für das Produktionsoptimum ohne Bedeutung sind?	☐	☒

Was ist an folgendem Satz falsch?

„Die variablen Kosten ändern sich nur, wenn der Beschäftigungsgrad kleiner wird."

Wenn sich der Beschäftigungsgrad ändert, ändern sich grundsätzlich auch die variablen Kosten.

Aufgabe 7

Ergänzen Sie bitte die folgende Abbildung:

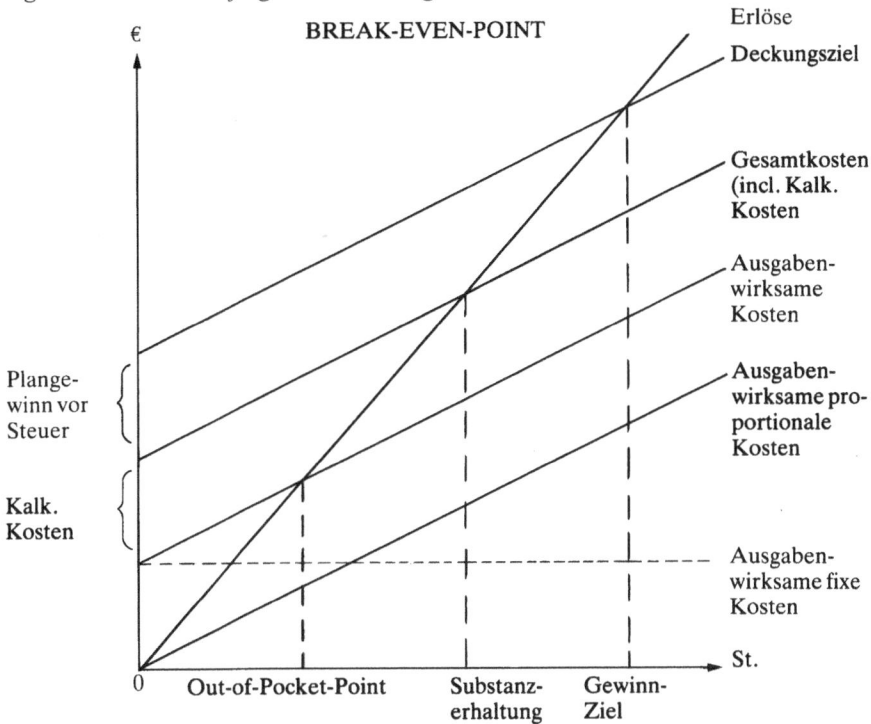

BREAK-EVEN-POINT

€

Erlöse

Deckungsziel

Gesamtkosten (incl. Kalk. Kosten

Ausgabenwirksame Kosten

Ausgabenwirksame proportionale Kosten

Plangewinn vor Steuer

Kalk. Kosten

Ausgabenwirksame fixe Kosten

St.

0   Out-of-Pocket-Point   Substanz-erhaltung   Gewinn-Ziel

Aufgabe 8

Ermitteln Sie bitte:

1. *den Out-of-pocket-point* (ausgabenwirksamer Punkt)

$$\text{Mindestumsatz} = \frac{\text{Ausgabenwirksame Kosten} \times 100}{\text{Deckungsbeitrag in \% des Umsatzes}} = \frac{1.200.000 \times 100}{40} = \mathbf{3.000.000}$$

2. *den Break-even-Point der Substanzerhaltung*

$$\text{Mindestumsatz} = \frac{\text{Fixe Kosten} \times 100}{\text{Deckungsbeitrag in \% des Umsatzes}} = \frac{1.500.000 \times 100}{40} = \mathbf{3.750.000}$$

3. *den Break-even-Point der Plangewinnerzielung*

$$\text{Mindestumsatz} = \frac{(\text{Fixe Kosten} + \text{Plangewinn}) \times 100}{\text{Deckungsbeitrag in \% des Umsatzes}} = \frac{2.000.000 \times 100}{40} = \mathbf{5.000.000}$$

Aufgabe 9

Wo liegt der Break-even-Point für den Einsatz eines Werbemittels, wenn die Kosten 120.000 € und der DBU 30 % beträgt?

$$\frac{100.000 \times 100}{30} = 333.333$$

Aufgabe 10

Sie wollen einen neuen Außendienstmitarbeiter einstellen, der zurechenbare direkte Kosten p.a. 90.000 € verursachen wird. Aus dem Umsatz steht Ihnen ein Deckungsbeitragsanteil in Höhe von 4 % des Umsatzes für Außendienstkosten zur Verfügung. Wo liegt der Break-even-Umsatz (in €)?

☐   90.000 €

☒   2,25 Mio €.

☐   250.000 €

Aufgabe 11

Im Rahmen einer Kundendeckungsbeitrags-Analyse nehmen Sie sich vor, ausschließlich direkt Kosten zuzurechnen. Welche gehören dazu?

☒   Werbekostenzuschuss

☐   Nationale Werbekosten der an den Kunden verkauften Produkte

☐   Anteilige Kosten des Verkaufsleiters

Aufgabe 12

Was halten Sie von der folgenden Aussage: „Die vom administrativen Verkaufsinnendienst verursachten Personalkosten werden dem einzelnen Produkt direkt zugerechnet"?

☒   Diese Aussage ist falsch.

☐   Diese Aussage ist richtig.

Aufgabe 13

Nicht aus vertriebsstrategischer, sondern aus rein rechnerischer Sicht beurteilen Sie bitte die Richtigkeit der folgenden Aussagen: „Der Kunde muss selektiert werden",

☐   wenn er die Vollkosten nicht deckt.

☐   wenn er unterhalb eines normalen Deckungsbeitrages von (z.B.: 20 % liegt).

☒   wenn er keinen positiven Deckungsbeitrag bringt.

Aufgabe 14

Wenn Sie eine Deckungsbeitragskalkulation für einen Außendienstmitarbeiter machen, dann beziehen Sie welche der nachstehenden Kosten ein?

☒   Provision des Vertriebsmitarbeiters

☐   Miete der regionalen Niederlassung

☐   Nationale Werbeaufwendungen

Aufgabe 15

Zu den Erkenntnissen einer Kunden-Deckungsbeitragsanalyse gehören die folgenden Sachverhalte:

☐ Wachstumspotenzial des Kunden

☒ Kundenrentabilität

☐ Bonität des Kunden

Aufgabe 16

Welche Definition des Begriffes „kurzfristige Preisuntergrenze" ist zutreffend?

☒ Preis, bei dem der Nettoverkaufspreis gerade die variablen Stückkosten des Erzeugnisses deckt

☐ Preis, bei dem der Bruttoverkaufspreis gerade die variablen Stückkosten des Erzeugnisses deckt

☐ Preis, bei dem der Bruttoverkaufspreis gerade die fixen Stückkosten des Erzeugnisses deckt

Aufgabe 17

Welche Aussage ist richtig?

☐ Die Vollkostenrechnung zeigt die tatsächliche Kostenstruktur eines Betriebs.

☒ Die Vollkostenrechnung verletzt das Kostenverursachungsprinzip.

☐ Die Vollkostenrechnung ist das aussagefähigste Kostenrechnungsverfahren.

Aufgabe 18

Wo ist die Deckungsbeitragsrechnung notwendig?

☐ Steuerung und Beurteilung von Verkaufsleitern

☒ Beurteilung von Artikeln

☐ Für Personalentscheidungen

Aufgabe 19

Es ist richtig, dass

☐ immer das Produkt mit dem höchsten Gewinn laut Vollkostenrechnung gefertigt werden soll?

☒ die Deckungsbeitragsrechnung bei der Bestimmung des Produktionsoptimums aussagefähige Informationen liefert?

☐ die Vollkostenrechnung am besten eine Steuerung des Produktionsprogramms erlaubt?

Aufgabe 20

Fallstudie: Mehrumsatz durch Preissenkung

1. *Wo liegt der kritische Umsatz?*

    Preisnachlass = DB-Schmälerung

$$\frac{\text{DB-Schmälerung}}{(\text{DB-Alt} - \text{DB-Schmälerung})} = \frac{5\,\%}{(40\,\% - 5\,\%)} = 14,29\,\%$$

    DB nach Preisnachlass mit neuem Umsatz:

    $114.290 \times 35\,\% = 40.001$

2. *Wo liegt die Preisuntergrenze? Welche anderen Preisuntergrenzen wären noch möglich?*

Bisheriger Preis je St. =		10 €
−DB 20 %	=	2 €
= Preisuntergrenze	=	8 €

    Evtl. auf weitere Fixbestandteile verzichten.

Aufgabe 21

a) *Ermitteln Sie rechnerisch die Gewinnschwelle sowie den maximalen Gesamtgewinn.*

		5.000	
	50 %	2.500	5.150.000
	75 %	3.750	7.350.000
Differenz		1.250	2.200.000

    ⇨ variable Kosten: = 2.200.000/1.250 = 1.760

    2.500 × 1.760 + Fixkosten = 5.150.000

    　　　　　　　Fixkosten = 750.000

Deckungsbeitrag /Stück	2.900 − 1.760 = 1.140	
Gewinnschwelle	750.000/1.140 = 658	

Gewinnschwelle in % der Kapaz.:	13 %
Max. möglicher Gewinn:	5.000 × 1.140 − 750.000 = 4.950.000
Oder	5.000 × 2.900 − 5.000 × 1.760 − 750.000

b) *Beurteilen Sie die Veränderung der Gewinnschwellenmenge.*

Neuer Preis 2.900 − 30 %		2.030
Neuer DB 2.030 − 1.760		270
Neue Fixkosten	750.000 + 890.000	1.640.000
Neue Gewinnschwelle	1640.000/270	6.075
Gewinnschwelle in % der Kapaz.		76 %

c) *Soll der Controller die Kapazitätserweiterung empfehlen?*

    Eher nein, da die Gewinnschwelle von 13 % der Kapazität auf 76 % der Kapazität steigt.

d) *Bestimmen Sie die kurzfristige und langfristige Preisuntergrenze.*

kurzfristige Preisuntergrenze = variable Kosten	1.760
langfristige Preisuntergrenze 80 % von 8.000	6.400
1.640.000/6.400 + 1.760	2.016,25

Aufgabe 22

Was ist der Unterschied zwischen dem Substanzerhaltungspunkt und dem Out-of-pocket-Point (Punkt, bei dem die ausgabewirksamen Kosten gerade noch gedeckt sind)?

Alle Kosten sind gedeckt: Substanzerhaltungspunkt. Nur die ausgabewirksamen Kosten sind gedeckt: Out-of-Pocket-Point.

Aufgabe 23

a) *Ermitteln Sie die Verbrauchs- und Beschäftigungsabweichung für die Produktionsabtei-lung!*

Kostenfunktion

Materialkosten:	2.200.000 €	var.
Fertigungslöhne:	2.500.000 €	var.
Sonst. var. Fertigungskosten	300.000 €	
Gehälter:	300.000 €	fix
Abschreibungen	450.000 €	fix

$K(B) = (2.200.000 + 2.500.000 + 300.000)/10.200 \times B + (100.000 + 450.000)$
$K(B) = 490,20 \times B + 550.000$

Plankostenverrechnungssatz: 5.550.000/10.200 =		544,12
Verrechnete Plankosten:	544,12 × 9.900 =	5.386.788
Sollkosten:	490,20 × 9.900 + 550.000 =	5.402.980
Beschäftigungsabweichung: Verrechnete Plankosten – Sollkosten		16.192
Verbrauchsabweichung		
Sollkosten – Istkosten		
5.402.980 – 5.250.000		152.980

b) *Berechnen Sie für die Ist-Beschäftigung die Nutz- und die Leerkosten.*

Leerkosten = Beschäftigungsabweichung	16.192
Leerkosten + Nutzkosten = Fixkosten	
16.192 + x = 550.000	
Nutzkosten	533.808

c) *Interpretieren Sie die festgestellten Beschäftigungs- und Verbrauchsabweichungen!*

Aufgrund der reduzierten Arbeitsleistung (9.900 statt 10.200 Stunden) ergibt sich eine positive Beschäftigungsabweichung von 16.192 €.

Die positive Verbrauchsabweichung zeigt in diesem Fall an, dass die Istkosten mit 5.250.000 € unter den Sollkosten liegen und damit hier wesentlich wirtschaftlicher als bei normaler Arbeitsweise produziert wurde. Bei normaler, effizienter Arbeitsweise in der Produktion wären Sollkosten in Höhe von 5.402.980 € angefallen.

Aufgabe 24

Errechnen Sie den Gewinnschwellenpunkt:

UE	2,0 Mio. €
– dir. Materialkosten	1,1 Mio. €
– Zurechenbare Personalkosten	0,2 Mio. €
– Sondereinzelkosten d. Vertriebs	0,2 Mio. €
Summe DB	0,5 Mio. €

0,5 Mio. € × 100/2,0 Mio. € = 25 % DBU

Gehaltskosten	0,4 Mio. €
Versicherungsbeiträge	0,1 Mio. €
Kfz-Kosten	0,1 Mio. €
Reisekosten	0,1 Mio. €
Sonstige Gemeinkosten	0,1 Mio. €
Summe Fixkosten	0,8 Mio. €

0,8 Mio. € × 100/25 % =   3,2 Mio. €

Aufgabe 25

Wie viel Prozent mehr muss er verkaufen, wenn er den gleichen Rohertrag wie die anderen Händler haben möchte?

2.000 € × 1,5 = 3.000 €
2.000 € × 1,3 = 2.600 €

3.000 €/2.000 € = 1,15 %

Der preisaggressive Händler muss ca. 15 % mehr Produkte von uns verkaufen.

Aufgabe 26

Fallbeispiel spezifischer DB

Erstellen Sie jeweils eine Reihenfolge der Förderungswürdigkeit der einzelnen Produktgruppen

1.

Produkt	Tragebeutel	Industriesäcke	Schwergutsäcke
Umsätze	45 Mio.	70 Mio.	35 Mio.
Mengenprop. Kosten	25 Mio.	40 Mio.	10 Mio.
Zurechenbare fixe Kosten	2,5 Mio.	3 Mio.	0,5 Mio.
Absoluter DB	17,5 Mio.	27 Mio.	24,5 Mio.
Förderungswürdigkeit	**III**	**I**	**II**

2.

Produkt	Tragebeutel	Industriesäcke	Schwergutsäcke
Absoluter DB	17,5 Mio.	27 Mio.	24,5 Mio.
Beanspruchung der Druckerei	500 h	1.000 h	900 h
Spezifischer DB*	34.000	27.000	27.222
Förderungswürdigkeit	**I**	**III**	**II**

* Relativer DB = Absoluter DB/Engpasseinheit ⇨ 45 Mio./500 h usw.

3.

Produkt	Tragebeutel	Industriesäcke	Schwergutsäcke
Absoluter DB	17,5 Mio.	27 Mio.	24,5 Mio.
Durchschnittliche Lagerdauer	30 Tage	60 Tage	45 Tage
Spezifischer DB	583.333	450.000	544.444
Förderungswürdigkeit	**I**	**III**	**II**

4. Der spezifische DB gibt den Deckungsbeitrag pro Engpasseinheit (Lagerdauer, Maschinenbeanspruchung…) an.

Aufgabe 27

Wo liegt der Break-even-Point für dieses Zusatzgeschäft?

Einmalzahlung	20.000 €
Zusatzrabatt auf 0,5 Mio. €, 2 %	10.000 €
	30.000 €

Neuer DB = 18 %
18 %   = 30.000 €
1 %   = 30.000 € / 18 % = 1.666,67
100 %   = 166.666,67 €

oder

$$\frac{30.000\ €}{18\ \%} = \frac{x}{100\ \%} \qquad x = 30.000\ € \times 100\ \% \ / \ 18\ \%$$

$$= 166.666,67\ €$$

Aufgabe 28

Wie viel Stück muss der Großhändler verkaufen, um den gleichen Rohertrag in € wie bei Ihnen zu erreichen?

Rohertrag heute = 10.000 Stück à 2 €/Stück (20 % von 10 €)
                 = 20.000 €
Rohertrag beim Wettbewerb = 30 % von 6 € = 1,80 €/Stück
Break-even in Stück: 20.000 €/1,80 € = 11.112 Stück ⇨ 1.112 Stück mehr

Aufgabe 29

Welches Angebot ist tatsächlich „preiswerter"?

Bei 100.000 € Einkaufsvolumen bieten wir an:

18 €/m² – 3 % Bonus   = 17,04 €
Konkurrent – 4 % Bonus   = 17,50 €

Bei 200.000 € Einkaufsvolumen bieten wir an:

18 €/m² – 3 % Bonus   = 17,04 €
Konkurrent: 17,50 € – 4 % Bonus   = 16,80 €

Hinweis, dass der Wettbewerber eine wesentlich höhere Menge verlangt, denn bei uns:
100.000 € : 18 €/m² = 5.555 m²

Konkurrent:
200.000 €: 17,50 €/m² = 11.428 m², d.h. fast um 100 % Mehrabnahme!

Aufgabe 30

a) *Um welche Menge müsste der Absatz bei diesem Kunden mindestens gesteigert werden, damit der DB des Kunden insgesamt nicht schlechter wird?*

10 % / (30 % – 10 %) = 50 %

Der Kunde müsste den Absatz um 50 % steigern, damit der Gesamt-DB konstant bleibt.

b) *Berechnen Sie die Bruttohandelsspanne*

(3,50 × 0,81) – (2,00 × 0,85)/(2,00 × 0,85) = 66,8 %

Aufgabe 31

Was fällt Ihnen bei der nachstehenden Deckungsbeitragsrechnung auf und welche Konsequenzen würden Sie daraus ziehen?

Produkt A2 hat einen negativen DB
⇨Produkt streichen

Produkt B2 trägt gerade die variablen. Kosten
⇨Kosten prüfen / Produkt prüfen

Produkte A1 und B1 erzielen gute Deckungsbeiträge. Insgesamt muss der DB der Produktgruppe A verbessert werden (siehe o.g. Maßnahmen)

Aufgabe 32

Deckungsbeitragsrechnung

	Stationärer Vertrieb		Internet
Bruttoumsatz	1.800.000 €		350.000 €
./. Kreditkartenprovisionen	18.000 €		7.000 €
= Nettoumsatz	1.782.000 €		343.000 €
./. Wareneinsatz	1.080.000 €		210.000 €
./. Frachtkosten			25.000 €
= Deckungsbeitrag I	702.000 €		108.000 €
./. Personalkosten der Bereiche	300.000 €		30.000 €
./. Verkaufsförderungsmaßnahmen	20.000 €		
= Deckungsbeitrag II	382.000 €		78.000 €
DB II in % vom Bruttoumsatz	*21 %*		*22 %*
= Deckungsbeitrag II – gesamt –		460.000 €	
./. Marketing-Etat		100.000 €	
./. Vertriebsleitung/Innendienst		150.000 €	
DB Vertrieb Buch		210.000 €	

Aufgabe 33

Berechnen Sie die Deckungsbeiträge I und II für diesen neuen Absatzkanal.

	Drogeriemarkt
Nettoumsatz	2.000.000,00 €
./. Wareneinsatz	1.300.000,00 €
./. Frachtkosten	200.000,00 €
= Deckungsbeitrag I	500.000,00 €
./. Personalkosten Key Accounter	150.000,00 €
./. Verkaufsförderungsmaßnahmen	250.000,00 €
= Deckungsbeitrag II	**100.000,00 €**
DB II in % vom Bruttoumsatz	*5 %*

Aufgabe 34

Sind die Berechnungen richtig?

Gesamte Umsatzabweichung   500.000 €

Absatzpreisabweichung   –125.000 €
Istmenge × (IST-Preise-Plan-Preise)

2.500.000 × (2,00 – 2,50) + 500.000 × (2,00 – 2,00)

Absatzvolumenabweichung   625.000 €
Planpreis × (Istmenge) – (Planmenge)

2,50 × (250.000 – 200.000) + 2,00 × (500.000 – 250.000)

Absatzmixabweichung   –166.666,67 €
Planpreis × ((Plan-Mix × Istmenge)-Planmenge)

0,50 × ((200.000/450.000 × 250.000) – 200.000)

+ 2,00 × ((250.000/450.000 × 500.000) – 250.000

Absatzmengenabweichung   791.666,67 €
Planpreis × (Istmenge –(Plan-Mix × Istmenge))

2,50 × (250.000 – 200.000/450.000 × 250.000)

+ 2,00 × (500.000 – 250.000/450.000 × 500.000)

Gesamte Kostenabweichung Plan – IST   200.000 €
Bezugsgröße für die variablen Kosten ist in diesem Fall der Umsatz.

Ermittlung der Sollkosten durch erhöhten Umsatz   150.000 €
Var. Plankosten/Planumsatz × (Istumsatz – Planumsatz)

300.000/1.000.000 × (1.500.000 – 1.000.000)

Zu erklärende Kostendifferenz   50.000 €

Preisabweichung wg. abweichendem Provisionssatz   30.000 €
Bezugsgröße × (Istpreis – Planpreis)

1.500.000 × (12 % – 10 %)

Verbrauchsabweichung   20.000 €
Kostendifferenz – Preisabweichung

Aufgabe 35

Abweichungsanalyse

Berechnen Sie Absatzpreis und Absatzvolumen!

Gesamte Umsatzabweichung	**125 €**

Absatzpreisabweichung   −125 €

Istmenge × (Istpreise − Planpreise)

$250 \times (2{,}00 - 2{,}50) + 250 \times (2{,}00 - 2{,}00)$

Absatzvolumenabweichung   250 €

Planpreis × (Istmenge − Planmenge)

$2{,}50 \times (250 - 150) + 2{,}00 \times (250 - 250)$

Absatzmixabweichung   218,75 €

Planpreis × ((Plan-Mix × Ist-Gesamtmenge) − Planmenge)

$2{,}50 \times ((150/400 \times 500) - 150) + 2{,}00 ((250/400 \times 500) - 250)$

Absatzmengenabweichung   31,25 €

Planpreis × (Istmenge − (Plan-Mix × Ist-Gesamtmenge))

$2{,}50 \times (250 - 150/400 \times 500) + 2{,}00 (250 - 250/400 \times 500)$

Aufgabe 36

Berechnen Sie den Preis – welche Problematik hat die Zuschlagskalkulation?

Materialkosten:			
	Materialeinzelkosten		200 €
+	Materialgemeinkosten	110 %	220 €
Fertigungskosten:			
+	Fertigungseinzelkosten		600 €
+	Fertigungsgemeinkosten	101 %	606 €
Herstellkosten			**1.626 €**
Verwaltungs- und Vertriebskosten			
	Verwaltungskosten	10 %	162,60 €
+	Vertriebskosten	20 %	325,20 €
Selbstkosten			**2.113,80**
+	Gewinnaufschlag	5 %	105,69 €
Barverkaufspreis			**2.219,49**

Der Barverkaufspreis sollte also aus Vollkostensicht 2.220 € nicht unterschreiten.

Aufgabe 37

Abhängigkeiten zwischen Rabattvergabe in % und Deckungsbeitrag in % des Verkaufspreises

	Deckungsbeitrag		
Rabatt	**20 %**	**25 %**	**30 %**
4 %	25,0 %	19,0 %	15,4 %
6 %	42,9 %	31,6 %	25,0 %
8 %	66,7 %	47,1 %	36,4 %

Aufgabe 38

a) *Ermitteln Sie die Deckungsbeiträge und die Stückdeckungsbeiträge für die beiden Arti-kel X und Y sowie den Deckungsbeitrag der Produktgruppe.*

	X		**Y**
Umsatz	5.500,00 €		9.000,00 €
var. Kosten	−2.200,00 €		−3.400,00 €
Deckungsbeitrag	3.300,00 €		5.600,00 €
Stück-DB	3,30 €		2,80 €
DB in %	60 %		62 %
Produktgruppen-DB		8.900,00 €	

a) *Ermitteln Sie den Break-even-Point für Artikel X, wenn die gesamten Fixkosten für X bei 5.000 € liegen.*

5.000 €/3,30 € = 1.516 Stück (Break-even-Menge)

b) *Um wie viel % muss der Absatz von X gesteigert werden, wenn der Außendienstmitarbei-ter Werner seinem Großkunden einen Rabatt von 10 % einräumen will, der Gesamt-deckungsbeitrag aber sich nicht verändern soll?*

10 % / (60 % − 10 %) = 20 %

Die Absatzmenge muss um 20 % gesteigert werden.

Aufgabe 39

Es soll ein zusätzlicher Außendienstmitarbeiter eingestellt werden. Die Kosten hierfür wür-den 125.000 € p.a. betragen

DBU beträgt voraussichtlich 25 %.

Wäre diese Einstellung vom kostenrechnerischen Standpunkt vertretbar, wenn der Jahresum-satz mindestens 600.000 € beträgt?

125.000 × 100/25 = 500.000

Der kritische Umsatz wäre 500.000 €, d.h. es könnte ein zusätzlicher ADM eingestellt wer-den.

Aufgabe 40

Einem Unternehmen werden zwei Zusatzaufträge A und B angeboten, es kann jedoch nur ein Auftrag ausgeführt werden. Die Kalkulationsabteilung nennt folgende Kosten:

	A	B
Einzelkosten	100 €	200 €
Variable Kosten	80 €	150 €

Der Gemeinkostenzuschlagssatz im Unternehmen beträgt 200 %; der Erlös beläuft sich für A auf 300 € und für B auf 400 €.

Fragen:
1. der Welcher Auftrag müsste nach der Vollkostenrechnung vorgezogen werden?
2. Welcher Auftrag wäre nach der Deckungsbeitragsrechnung vorzuziehen?

1.

	A	B
Einzelkosten	100	200
Gemeinkosten	200	400
Vollkosten	300	600
Erlöse	300	400
Ergebnis	0	–200

Kein Auftrag wäre nach der VKR gewinnbringend.

2.

	A	B
Erlöse	300	400
Var. Kosten	80	150
DB	220	250

Beide Aufträge könnten angenommen werden.

Aufgabe 41

Produkteinführung

Würden Sie das folgende Produkt empfehlen einzuführen, wenn folgende Zahlen vorliegen:

Dem Produkt direkt zuordenbare Fixkosten 100.000 €,

Deckungsbeitrag pro Stück 5 €,

geplante Menge lt. Verkaufsplan 10.000 Stück;

bzw. welche Menge müsste Ihrer Meinung nach mindestens abgesetzt werden?

100.000/5 = 20.000

Das Produkt sollte nicht eingeführt werden, weil 20.000 Stück nötig wären, um die Gewinnzone zu erreichen.

Aufgabe 42

Werbebudget

Eine Werbeagentur sagt bei einem zusätzlichen Werbebudget von 100.000 € eine Umsatzsteigerung von 250.000 € bei einer speziellen Produktgruppe zu.

Diese Produktgruppe hat einen DBU von 20 %.

Würden Sie dieses zusätzliche Werbebudget befürworten?

$100.000 \times 100/20 = 500.000$

Nein, es wären 500.000 € Umsatz nötig.

Aufgabe 43

Produkteinführung

Der Stückerlös für ein Produkt beträgt 20 €. Bei welcher Stückzahl wird die Gewinnschwelle erreicht, wenn die gesamten Fixkosten 3.000 € und die variablen Stückkosten 14 € betragen?

$3.000/6 = 500$ Stück

Aufgabe 44

Werbekosten

Die zusätzlichen Werbekosten für eine Verkaufsförderungsaktion betragen 60.000 €. Der DBU beträgt 30 %. Bisher war der Break-even-Point erreicht. Welcher Zusatzumsatz ist erforderlich, um wieder den Break-even-Point zu erreichen?

$60.000 \times 100/30 = 200.000$

Aufgabe 45

AD-Mitarbeiter

Die Kosten eines AD-Mitarbeiters betragen 120.000 €. Der DBU beträgt 30 %. Ab welchem Punkt werden die zusätzlichen Kosten für den AD-Mitarbeiter hereingespielt?

$120.000 \times 100/30 = 400.000$

Aufgabe 46

Die Geschäftsleitung eines Unternehmens überlegt zu exportieren. Entscheiden Sie ob man in das Exportgeschäft eintreten sollte oder nicht.

Der Kostenrechner (Vollkostenrechnungssystem) legt dazu folgende Zahlen vor:

	in 1.000	
	bisher	mit Export
Umsatzerlöse	1.000	1.200
Fertigungslöhne	200	250
Materialien	300	360
Betriebsgemeinkosten	400	450
Verwaltungskosten	80	100
Exportfracht/Zölle/Verpackung	–	100
Marketing/sonst. Vertriebskosten	–	80
Gewinn	20	–140

Der Kostenrechner prophezeit einen Gewinnrückgang und rät vom Export ab. Hat er damit recht?

mit Export		1.200	ohne Export		1.000
Fertigungslöhne	–	250		–	200
Materialkosten	–	360		–	300
Exportkosten	–	100	DB		500
Marketingkosten	–	80			
DB		410			

Ja, er hat Recht, aber nur nach DB-Überlegungen hätte er diese Entscheidung absichern können.

Aufgabe 47

Produktprogrammgestaltung

Würden Sie empfehlen, alle Produkte zu fertigen?

	Produkt 1	Produkt 2	Produkt 3	Gesamt
Verkaufte Menge im Stück	40.000	50.000	10.000	100.000
Nettoumsatz in €	40.000	60.000	20.000	120.000
– Einstandskosten	20.000	40.000	8.000	68.000
= Deckungsbeitrag I	20.000	20.000	12.000	52.000
– direkte Vertriebskosten	8.000	10.000	4.000	22.000
= Deckungsbeitrag II €	12.000	10.000	8.000	30.000
in %	30 %	16,7 %	40 %	25 %
– Werbung/Verkaufsförderung	4.000	12.000	5.000	21.000
Deckungsbeitrag III	8.000	–2.000	3.000	9.000
Fixkosten € des Sortiments	–	–		4.000
			Sparten €	5.000

Deckungsbeitrag III Produkt 2 negativ.
Nur weiterfertigen, wenn strategisch erforderlich.

Aufgabe 48

Sortimentsbereinigung

Welche Entscheidung bringt in der folgenden Periode den höheren Gewinn und wie hoch ist dieser nach der Deckungsbeitragsrechnung?

	A	B	C	Σ
Erlöse	187.500	336.000	260.000	
prop. Kosten	137.500	252.000	247.000	
DB1	50.000	84.000	13.000	147.000
spez. Fixk.	10.000	–	29.000	
DB 2	40.000	84.000	–16.000	108.000
Allg. Fixkosten		51.000		
ohne C		58.500 mit C 57.000		

7.7   Die Prozesskostenrechnung

Aufgabe 1

Wie wird der Prozesskostensatz ermittelt?

$$\text{Prozesskostensatz} = \frac{\text{Prozesskosten}}{\text{Prozessmenge}} = \text{Kosten je Prozessgröße} = \text{Beurteilungsmaßstab}$$

(messbare Leistung in Menge)

Aufgabe 2

Gründe für die Entwicklung der Prozesskostenrechnung sind:

	Ja	Nein
– die Fehler der Vollkostenrechnung	☒	☐
– überhöhte Gemeinkostenzuschlagssätze	☒	☐
– die Veränderung der Kostenstrukturen	☒	☐
– die Mängel herkömmlicher Kostenrechnungssysteme	☒	☐

Aufgabe 3

Eine ausgebaute Prozesskostenrechnung kann folgende Informationen für das Management bereitstellen:

	Ja	Nein
– Kapazitätsauslastung in der Fabrik	☐	☒
– Kosten für abteilungs-/kostenstellenübergreifende Prozesse im Unternehmen	☒	☐
– Leistungsdaten indirekter Bereiche	☒	☐
– Relatives Kostengewicht einzelner Kostenstellen an den wichtigen Prozessen im Unternehmen	☒	☐
– Ergebnisbeitrag einzelner Gemeinkostenaktivitäten	☐	☒

Aufgabe 4

Die Prozesskostenrechnung eignet sich insbesondere für:

	Ja	Nein
– Dienststellen im Unternehmen, die Grundlagenforschung betreiben	☐	☒
– für Auftragssteuerung/-abwicklungsbereiche in einer Organisation	☒	☐
– um Entscheidungen über den Einsatz von mehrfach verwendbaren Teilen oder Spezialteilen zu unterstützen	☒	☐
– die betriebliche Planung der Gemeinkostenbereiche durch mengenbezogene Daten zu fundieren	☒	☐

Aufgabe 5

Mögliche Prozessgrößen im Rahmen der Prozesskostenrechnung für den Vertriebsbereich sind:

	Ja	Nein
– Menge der Vertriebsmitarbeiter	☐	☒
– Anzahl der Kundenaufträge differenziert nach Inland und Ausland	☒	☐
– Umsatzvolumen nach Regionen	☐	☒
– Anzahl der Ausgangsrechnungen	☒	☐

Aufgabe 6

Wenn Sie die „Kosten einer verkaufsaktiven Stunde" eines Außendienstmitarbeiters ermitteln wollen: Welche der nachgenannten Größen gehört nicht in diese Kalkulation?

☒ Kosten der Verkaufs-Innendienstmitarbeiter

☐ Sozialfolgekosten

☐ Kfz-Abschreibungen

Aufgabe 7

Die Prozesskostenrechnung hat u.a. die Aufgabe,

☒ die Gemeinkosten verursachungsgerecht auf die Kostenstellen zu verteilen.

☐ die Gemeinkosten nach festen Schlüsseln auf die Kostenstelle zu verteilen.

☐ die Gemeinkosten nach dem Tragfähigkeitsprinzip auf die Kostenstellen zu verteilen.

Aufgabe 8

Wie viel kostet ein Auftrag?

Ein Beispiel für eine Prozessanalyse im Vertrieb könnte wie folgt aussehen:

Schritt 1: Erfassung von Einzelaktivitäten und Zusammenfassung zu Prozessen

Aktivitäten: Telefonieren mit Kunden – Aufträge bearbeiten – Transport fertig machen

Prozess: Aufträge bearbeiten

Schritt 2: Ermittlung von Kosten und Kostentreibern

Ein geeigneter Kostentreiber für den Prozess „Aufträge bearbeiten" ist sicherlich die Anzahl der Aufträge. Nun gilt es, die Anzahl der Aufträge für einen Monat zu ermitteln und die Kosten der o.g. Tätigkeiten für den betrachteten Monat zusammenzustellen

Anzahl Aufträge: 300

Leistungsmengenabhängige Kosten
  – Telefonieren mit Kunden   15.000 €
  – Aufträge bearbeiten   10.000 €
  – Transport fertig machen   5.000 €

Leistungsmengenneutrale Kosten
  – Vertrieb leiten   4.500 €

Schritt 3: Ermittlung der Prozesskosten

(15.000 + 10.000 +5.000)/300 × (1 + 4.500/(15.000 + 10.000 + 5.000) = 115

Ein Auftrag kostet das Unternehmen in diesem Beispiel 115 €.

Aufgabe 9

Berechnen Sie die durchschnittlichen Kosten eines Kundenbesuches unter der Annahme, dass die sonstigen Tätigkeiten des Außendienstes und die PKW- und Reisekosten leistungsmengenneutral sind.

	Stundensatz	Kosten
1) Leistungsmengenabhängige Kosten		

		Stundensatz	Kosten
Telefonische Besuchsankündigung	20 Std.	350 €	7.000 €
Besuchsdauer	300 Std.	350 €	105.000 €
Fahrtzeiten	250 Std.	350 €	87.500 €
Terminnachbereitung Außendienst	120 Std.	350 €	42.000 €
Terminnachbereitung Innendienst	120 Std.	350 €	24.000 €
			265.500 €

2) Leistungsmengenunabhängige Kosten

		Stundensatz	Kosten
Sonstige Tätigkeiten des Außendienstes	100 Std.	350 €	35.000 €
PKW- und Reisekosten	60.000 €		60.000 €
			95.000 €

3) Prozessmenge: Anzahl besuchte Kunden   1.200

$$\frac{\text{Leistungsmengenabh. Prozesskosten}}{\text{Prozessmenge}} \times \left(1 + \frac{\text{leistungsmengenunabhängige Prozesskosten}}{\text{leistungsmengenabhängige Prozesskosten}}\right)$$

Prozesskosten = 265.500/1.200 × (1 + 95.000/265.500) = 300,42 €

7.8 Target Costing

Aufgabe 1

Target Costing:

	Ja	Nein
– ist ein neues System der Kostenrechnung	☐	☒
– basiert als Kostenrechnungssystem auf der Deckungsbeitrags-rechnung	☒	☐
– ist eine neue Form des Kostenmanagements	☒	☐
– ist Kostenmanagement auf Vollkostenbasis	☐	☒

Aufgabe 2

Beim Target Costing:

	Ja	Nein
– wird ausgehend von der Überlegung, möglichst rasch am Markt mit neuen Produkten zu sein, ausschließlich auf kurze Entwicklungszeiten geachtet	☐	☒
– werden in einem Team aus Vertriebs-, Entwicklungs-, Fertigungs- und Controllingmitarbeitern Kostenvorgaben in einer frühen Phase des Produktentstehungsprozesses erarbeitet	☒	☐
– werden von einem erzielbaren Marktpreis aus unter Berücksichtigung der gewünschten Gewinnerwartung Zielkosten abgeleitet	☒	☐
– werden Anstöße erarbeitet, um das Produkt und die dafür erforderlichen betrieblichen Prozesse konsequent auf die Marktbedürfnisse hin auszurichten	☐	☒

Aufgabe 3

Typische Maßnahmen im Rahmen des Target Costing sind:

	Ja	Nein
– Auswahl attraktiver Märkte für das bestehende Produktspektrum	☐	☒
– Analyse der Vorgehensweise und der Kosten des „Best Practice"-Wettbewerbers	☒	☐
– Einbindung von ausgewählten Systemlieferanten in der Phase der Produktentstehung	☒	☐
– Änderung interner Arbeitsabläufe	☒	☐
– Erarbeitung von Varianten, um Spezialmärkte mit erschließen zu können	☒	☐

8 Investitions- und Wirtschaftlichkeitsrechnung

Aufgabe 1

Fallstudie: Rationalisierungsinvestition

Bisheriger DBU 25 % = 4.000 € je t

Künftiger DB 4.000 € + 1.000 € = 5.000 €

Abschreibung pro Jahr = 200.000 €

Kritischer Punkt: 200.000 €/5.000 €/t = + 40 je t

= + 5 % Absatzsteigerung (bisher 2.000 t)

Aufgabe 2

a) Zur Amortisation stehen zur Verfügung (Amortisationsrate):

   30 % von 1 Mio. € = 300.000 €

   Kosten pro Jahr für die Neuinvestition:

	Ansch.-K.			500.000 €
+	Zinsen:	6 % v. (1,2 Mio. €/2) =		36.000 €
+	AfA	500.000 €/10 Jahre	50.000 €	
				586.000 €

   Amortisationszeit: 586.000 € /300.000 € (DBU) = **1,95 Jahre**

b) *Wie hoch ist der Roy (Return on Investment)?*

   ROI = DB/Umsatz × 100 × Umsatz/Investition = DB/Investition × 100

   DB = 30 % von 1.000.000 € = 300.000 €

   Investition = 586.000 €

   ⇨ROI = 300.000 €/586.000 € × 100 = 55,2 %

c) *Ist die Wirtschaftlichkeit gegeben?*

   Ja, da DBU > 0 %   ⇨ Fixe Kosten werden (teilweise) gedeckt

Aufgabe 3

1. *Soll Gröger die Investition durchführen? Begründen Sie Ihre Aussage.*

   Sofern Gröger Inhaber ist, wird er die Investition durchführen, da der ROI der Investition höher liegt als der durchschnittliche ROI des Unternehmens.

2. *Sollte die Investition aus Sicht der Holding AG durchgeführt werden?*

Aus Sicht der Holding ist zu prüfen, ob weitere Investitionsmaßnahmen mit besserer Rendite im Konzern vorliegen, da die Investition unter der durchschnittlichen Rendite der Holding liegt.

3. *Wenn Gröger eine Prämie auf Basis des erwirtschafteten ROI erhält – wird er die Investition dann durchführen wollen?*

Das hängt von der Prämienvereinbarung ab. Erhält er erst eine Prämie, wenn er mit seiner Tochtergesellschaft die 14 % Durchschnittsrendite erzielt, wird er diese Investitionsmaßnahme nicht unbedingt durchführen

Aufgabe 4

Fremdabfüllung

100.000 Flaschen	**Jahr 1**	**Jahr 2**	**Jahr 3**	**Jahr 4**	**Jahr 5**
Umsatz	249.000	249.000	249.000	249.000	249.000
./. Kosten Fruchtsafttechnik	12.400	12.400	12.400	12.400	12.400
./. Abfüllkosten	109.000	109.000	109.000	109.000	109.000
./. Marketingkosten	100.000	70.000	70.000	70.000	70.000
./. Verwaltungs-/Vertriebskosten	30.000	30.000	34.860	34.860	34.860
Gewinn	−2.400	27.600	22.740	22.740	22.740
+ Abschreibungen	5.000	5.000	5.000	5.000	5.000
Veränd. Work.-Capital	−74.700				74.700
−25.000	−72.100	32.600	27.740	27.740	102.440

Zinssatz	9 %
Kapitalwert	40.315

Eigenfertigung

100.000 Flaschen	**Jahr 1**	**Jahr 2**	**Jahr 3**	**Jahr 4**	**Jahr 5**
Umsatz	249.000	249.000	249.000	249.000	249.000
./. Kosten Fruchtsafttechnik	12.400	12.400	12.400	12.400	12.400
./. Abfüllkosten	78.000	78.000	78.000	78.000	78.000
./. Marketingkosten	100.000	50.000	50.000	50.000	50.000
./. Verwaltungs-/Vertriebskosten	30.000	30.000	34.860	34.860	34.860
Gewinn	28.600	78.600	73.740	73.740	73.740
+ Abschreibungen	78.000	78.000	78.000	78.000	78.000
Veränd. Work.-Capital	−74.700				74.700
−390.000	31.900	156.600	151.740	151.740	226.440

Zinssatz	9 %
Kapitalwert	131.111

		Kapitalwerte		
		Eigenfertigung	Fremdfertigung	
Variante 1	100.000	131.111	40.315	40 %
Variante 2	150.000	316.321	246.160	60 %
		242.237	163.822	

Aufgabe 5

Ein Unternehmen hat eine Maschine für 140.000 € angeschafft. Die Nutzungsdauer wird auf 10 Jahre geschätzt. Als kalkulatorische Abschreibung werden im 3. Jahr 10 % vom Wiederbeschaffungswert (= 190.000 €) also 19.000 € verrechnet. Würde sich die kalkulatorische Abschreibung ändern, wenn

	Ja	Nein
– der Anschaffungswert 120.000 € betragen hätte	☐	☒
– die steuerrechtlich zulässige Abschreibungsdauer von 8 auf 6 Jahre verkürzt würde	☐	☒
– der landesübliche Zinsfuß von 10 % auf 7 % sinkt	☐	☒
– der Wiederbeschaffungswert auf 100.000 € sinken würde	☒	☐
– die Betriebskosten der Maschine um 50 % ansteigen würden	☐	☒
– der Restwert der Maschine sich stark erhöhen würde	☒	☐

Aufgabe 6

a) *Kapitalwertmethode (Zinserwartung 6 %)*

	Einnahmen	Ausgaben	Rückfluss	abgezinste Werte	kum. Kapitalwerte
			−66.000,00 €	−66.000	
1	€ 30.000	€ 15.000	15.000 €	14.151	−51.849
2	€ 32.000	€ 16.000	16.000 €	14.240	−37.609
3	€ 34.000	€ 17.000	17.000 €	14.274	−23.336
4	€ 33.000	€ 16.000	17.000 €	13.466	−9.870
5	€ 32.000	€ 17.000	15.000 €	11.209	1.339
6	€ 30.000	€ 17.000	13.000 €	9.164	10.503
Kapitalwert	6 %		10.503,37 €	9.909	
	10 %		1.722,79 €		

b) *Interne Zinsfußmethode*

Int. Zins	11,0 %
Interner Zins mit Näherungsformel	10,8 %

$$r^* = i_1 - KW_1 \cdot \frac{i_2 - i_1}{KW_2 - KW_1}$$

c)   Dynamische Amortisationsrechnung   4.88

$m = n_v + \dfrac{K_v}{K_v - K_n}$	n = Amortisationszeit n_v = letztes Jahr vor Erreichen der Amortisation K_v = kumulierte Kapitalwerte im letzten Jahr vor Erreichen der Amortisation K_n = kumulierte Kapitalwerte im ersten Jahr nach Erreichen der Amortisation

Aufgabe 7

a)   Beurteilen Sie unter Anwendung der Kapitalwertmethode die Vorteilhaftigkeit der Investition bei einem Kalkulationszinssatz von 9,5 %.

		Jahr 1	Jahr 2	Jahr 3	Jahr 4	Jahr 5
Einzahlungs-überschuss		50.000	750.000	1.450.000	1.450.000	1.200.000
Restwert						800.000
Summe		50.000	750.000	1.450.000	1.450.000	2.000.000
Abzinsung	9,5 %	50.000/ (1+10 %)^1	$\downarrow$	1.450.000/ (1+10 %)^3	$\downarrow$	
Barwert	4.054.606	45.662	625.508	1.104.398	1.008.583	1.270.455

Kapitalwert = Barwert – Anfangsinvestition: 4.054.606 – 4.000.000 = 54.606

Die Investition ist vorteilhaft.

b)   Alternativ wird von der Geschäftsleitung ein positiver Kapitalwert von 90.000 € gefordert. Berechnen Sie für diese Alternative den Liquidationserlös, den das Unternehmen beim Verkauf der Maschine nach Ablauf von fünf Jahren erzielen muss.

Kapitalwert bei derzeitigem Resterlöse:	54.606 €
Gewünschter Kapitalwert:	90.000 €
Noch erforderlicher Kap.wert	35.394 €
Dieser Betrag ist über 5 Jahre aufzuzinsen	
35394 × 1,0955 =	55.719 €

Aufgabe 8

Was soll die Investitionsrechnung bezwecken?

Analyse der Stärken des Unternehmens und deren Einflussgrößen, um so die „Marschrichtung des Unternehmens" über mehrere Jahre hinaus zu bestimmen.

Sinn und Zweck der Investitionsrechnung ist es letzten Endes, wahrscheinliche Entwicklungen der Nachfrage, der Produktionstechniken, der Finanzierungsmöglichkeiten, der Personalentwicklung und der Beschäftigungsmärkte zu bewerten und die in sinnvolle, langfristig wirkende, wenn auch meist nur schwer oder gar nicht mehr korrigierbare Maßnahmen umzusetzen.

Aufgabe 9

Stellen Sie die Ablauforganisation beim Investitionscontrolling dar.

1. Idee
2. Präzisierung im Antrag (Vorschlag mit Beschreibung und Begründung)
3. Prüfung und Selektion (Wirtschaftlichkeitsberechnung, Prioritätseinordnung, Prüfung auf Verträglichkeit mit anderen Plänen, z.B. Liquiditätspläne)
4. Genehmigung und Aufnahme ins Investitionsbudget
5. Nachrechnung

Aufgabe 10

Welche Daten sollte ein Investitionsantrag enthalten?

– Bezeichnung und Beschreibung des Projekts
– Begründung
– Kostenübersicht
– Eine Zusammenfassung der Wirtschaftlichkeit und Rentabilität
– Angabe des für die Investition Verantwortlichen

Aufgabe 11

Was ist die Nutzwertanalyse? Geben Sie eine einfache Definition:

Die Nutzwertanalyse ist ein nachfrageorientiertes Verfahren, das von gegebenen Projekt-Alternativen ausgeht, aus denen der Nachfrager dann die besten auswählt. Diese Methode ermöglicht so einen Leistungsvergleich der komplexen Alternativen unter Berücksichtigung der subjektiven Vorstellungen des Nachfragers.

Aufgabe 12

Welche Ursachen für Widerstände gegen Kostensenkung gibt es?

– Angst vor Arbeitsplatzverlust
– Angst vor Veränderungen
– Transparenz/Angst vor dem Aufdecken von Fehlern
– Angst vor Kritik
– Angst vor Einengungen
– Unfähigkeit
– Kein Verständnis
– Prestigeverlust
– Sicherheitsdenken
– Interessenkonflikt
– Bequemlichkeit

9 Schwachstellenanalyse und Kostensenkung durch Controlling

9.1 Die Notwendigkeit von Schwachstellenanalysen und Kostensenkungen

Aufgabe 1

Welche drei großen Möglichkeiten innerhalb einer Unternehmung gibt es, den Unternehmenserfolg zu steuern?

1. über den Mitteleinsatz (Kosten)
2. über die Mittelverwendung (Nutzen)
3. über die Absatzleistung (Umsatz)

Aufgabe 2

Worin besteht der Hauptunterschied zwischen absoluter und relativer Kostensenkung?

- absolute Kostensenkung = Degression des Werteverzehrs bei konstanter oder gesteigerter Leistung, d.h. die Gesamtkosten werden verringert.
- relative Kostensenkung = Die Kostern werden durch anderen Einsatz der Mittel beeinflusst.

9.2 Leitlinien und Phasen der Kostensenkung/Schwachstellen

Aufgabe 1

In welche Phasen gliedert sich eine systematische Kostensenkung?

1. Anregungsphase
2. Such- und Auswahlphase (Informationsphase)
3. Realisationsphase, Durchführungsphase
4. Kontrollphase
5. Rückkoppelungsphase

9.3   ABC-/XYZ-Analyse

Aufgabe 1

Die ABC-Analyse:

	Ja	Nein
– zeigt den zeitlichen Ablauf von Vorgängen auf	☐	☒
– ist eine Technik zum Erkennen von Schwerpunkten	☒	☐
– ermittelt die Elemente mit höchstem Wertanteil	☒	☐
– wird nur im technischen Bereich angewandt	☐	☒

Aufgabe 2

Ergänzen Sie die nachfolgende Tabelle für die XYZ-Analyse im Materialbereich

	Verbrauch	Schwankung	Vorhersagegenauigkeit
X	konstant	selten	hoch
Y	trendmäßig	saisonal	mittel
Z	unregelmäßig	–	niedrig

Aufgabe 3

Von welchen Fragen geht die Grundlagenanalyse aus?

1.   Ist eine Tätigkeit überhaupt notwendig oder kann sie entfallen?
2.   Kann die Tätigkeit überhaupt durchgeführt werden?
3.   Bringt die Tätigkeit Vorteile/Nutzen?

Aufgabe 4

Ergänzen Sie die nachfolgende Tabelle für die ABC/XYZ-Analyse im Materialbereich

ABC-XYZ-Analyse

	A	B	C
X	hoher Wertanteil konstanter Bedarf hohe Vorhersage- genauigkeit	mittlerer Wertanteil konstanter Bedarf hohe Vorhersage- genauigkeit	geringer Wertanteil konstanter Bedarf hohe Vorhersage- genauigkeit
Y	hoher Wertanteil trendmäßig/saisonaler Bedarf mittlere Vorhersage- genauigkeit	mittlerer Wertanteil trendmäßig/saisonaler Bedarf mittlere Vorhersage- genauigkeit	geringer Wertanteil trendmäßig/saisonaler Bedarf mittlere Vorhersage- genauigkeit
Z	hoher Wertanteil unregelmäßiger Bedarf niedrige Vorhersage- genauigkeit	mittlerer Wertanteil unregelmäßiger Bedarf niedrige Vorhersage- genauigkeit	geringer Wertanteil unregelmäßiger Bedarf niedrige Vorhersage- genauigkeit

Aufgabe 5

Der Einkäufer Dr. Stockert hat folgende Verbrauchs- und Preisinformationen vorliegen. Sein Geschäftsführer erwartet von ihm eine Präsentation, auf welche Dinge er sich künftig im Einkauf konzentrieren will.

Schritt 1:

Ausgangspunkt ist die Rangzuordnung von Werkstoffarten nach Verbrauchswerten

Material	Verbrauch (in Mengeneinheiten)	Preis (in €)	Verbreauch (in €)	Rang
A	20.000	0,15	3.000	6
B	7.500	0,90	6.750	5
C	36.000	0,05	1.800	10
D	21.000	1,80	37.800	1
E	50.000	0,14	7.000	4
F	2.000	1,00	2.000	9
G	4.000	2,00	8.000	3
H	11.000	0,25	2.750	7
I	35.000	0,07	2.450	8
K	19.500	1,90	37.050	2

Schritt 2:

Kumulierung der nach abnehmenden Verbrauchswerten geordneten Werkstoffarten und Einteilung in die Klassen A, B und C anhand subjektiv vorgegebener Schranken

Werkstoff Rang		Klasse	Anteil an Werkstoffarten				Verbrauch in €			
			absolut	prozentual	kumuliert	je Klasse	absolut	prozentual	kumuliert	je Klasse
1	d	A	1	10,0 %	10,0 %	20,0 %	37.800 €	34,8 %	34,8 %	68,9 %
2	k		1	10,0 %	20,0 %		37.050 €	34,1 %	68,9 %	
3	g	B	1	10,0 %	30,0 %	30,0 %	8.000 €	7,4 %	76,3 %	20,0 %
4	e		1	10,0 %	40,0 %		7.000 €	6,4 %	82,7 %	
5	b		1	10,0 %	50,0 %		6.750 €	6,2 %	89,0 %	
6	a	C	1	10,0 %	60,0 %	50,0 %	3.000 €	2,8 %	91,7 %	11,0 %
7	h		1	10,0 %	70,0 %		2.750 €	2,5 %	94,2 %	
8	i		1	10,0 %	80,0 %		2.450 €	2,3 %	96,5 %	
9	f		1	10,0 %	90,0 %		2.000	1,8 %	98,3 %	
10	c		1	10,0 %	100,0 %		1.800 €	1,7 %	100,0 %	
			10	100,0 %			108.600 €	100,0 %		

9.4   Wertanalyse (Value Analysis)

Aufgabe 1

Die Wertanalyse:

	Ja	Nein
– wird hauptsächlich im Produktions- und Konstruktionssektor durchgeführt	☐	☒
– dient zur Bestimmung des Marktpreises von Produkten	☐	☒
– ist eine Methode zur systematischen Kostensenkung	☒	☐
– ist mit dem ZBB identisch	☐	☒
– ist auf dem Produktionssektor beschränkt	☐	☒

Aufgabe 2

Durch die Wertanalyse soll das Verhältnis zwischen:

Kosten	und	Leistung

optimiert werden.

Aufgabe 3

Stellen Sie die Voraussetzungen für eine erfolgreiche Wertanalyse dar:

1. Nachhaltige Unterstützung durch die Unternehmensleitung
2. Aufbau eines kooperationsbereiten Wertanalyse-Teams, das nur der Unternehmensleitung verantwortlich ist
3. Vorlage aussagefähiger Informationen
4. Institutionalisierung der Wertanalyse
5. Verantwortungsträger benennen, damit systematisch und laufend eine Wertanalyse betrieben wird

Aufgabe 4

Geben Sie eine kurze Definition von ZBB:

Das Zero-Base-Budgeting (ZBB) basiert im Gegensatz zu den herkömmlichen Planungsmethoden auf einer Budgetierung der Gesamtplanung aufgrund einzelner sinnvoller Entscheidungs-/Verantwortungseinheiten, welche bewertet werden.

Kennzeichnend hierbei ist die Planung vom „Null-Punkt" aus. Das heißt Vergangenheitswerte – sofern ihre Aktivitäten in dem Analysezeitraum nicht fortgesetzt werden – werden aus der Planung (Budgetierung) nihiliert.

Aufgabe 5

Erstellen Sie eine Ablauforganisation für ZBB:

1. Unternehmensführung definiert Aufgaben für ZBB innerhalb der strategischen Unternehmensziele und definiert die Aufgabenfelder
2. Einsetzen eines ZBB-Teams
3. ZBB-Thema/Abstimmung mit Kostenstellenverantwortlichen

4. Feststellung von Analysen- Entscheidungseinheiten
5. Durchführung von Funktionsanalysen
6. Definition Leistungsniveau und Entscheidungspakete
7. Ermittlung Kosten-Nutzen-Verhältnis der Entscheidungspakete
8. Wertung und Festlegung von Prioritäten/Rangordnung
9. Definition des Kosten-Leistungs-Angebotes
10. Rückmeldung an Unternehmensführung

Aufgabe 6

Was sind die wesentlichen Merkmale des ZBB?

	Ja	Nein
– Aufnahme des Ist-Zustandes	☒	☐
– Formulierung von zielorientierten Entscheidungspaketen	☒	☐
– Formulierung erwarteter Kosten-Nutzen-Relationen	☒	☐
– Bewertung der Soll-Leistungen	☒	☐
– Ermittlung der Steigerungsrate des Abteilungsbudgets	☐	☒

Aufgabe 7

Von welcher Fragestellung geht die Schwachstellenanalyse aus?

Gibt es bestimmte Störungen und Schwierigkeiten im betrieblichen Ablauf, die beseitigt werden sollten? Z.B.:

– häufig wiederkehrende Fehler
– Unklarheiten
– organisatorische Mängel
– Leerläufe/Leerzeiten
– vermeidbare Kosten

Aufgabe 8

In welchen Schritten verläuft die Wertanalyse für Verwaltungstätigkeiten?

	Ja	Nein
– Ermittlung des Ist-Zustandes	☒	☐
– Ermittlung des Soll-Zustandes	☒	☐
– Ermittlung der Vorgabezeiten	☐	☒
– Festlegung der Reihenfolge der Tätigkeiten	☐	☒
– Entwicklung von Alternativen	☒	☐
– Auswahl der optimalen Alternativen	☒	☐

10 Frühwarnung im Controlling/Strategisches Controlling

Aufgabe 1

Marktattraktivität

- Marktgröße, -potenzial, -wachstum, -qualität
- Zahl und Größe der Wettbewerber
- Investitionsbereitschaft der Wettbewerber, Markt-„Eintrittsschwellen" für neue Wettbewerber
- Abnehmer(nach Zahl, Größe und Volumen unterteilt)
- erforderliche Marktbearbeitungsintensität
- Profitabilität
- Deckungsbeiträge absolut und prozentual
- Abnehmerverhalten/Abnehmerbindungen
- exogene und andere Einflüsse

Wettbewerbsvorteile

- Strategien
- Marketing-Mix (Produktpolitik, Preis- und Konditionspolitik, Distributionspolitik, Kommunikationspolitik, Servicepolitik)
- Erfahrungspotenzial/F + E-Position/Technische Position
- Einkaufspolitik
- Finanzkraft
- Investitionsbereitschaft und -möglichkeiten
- Intern-strukturelle Qualifikationen und Organisationsstrukturen

Aufgabe 2

Ergänzen Sie bitte:

Ziel/
Prognosewert

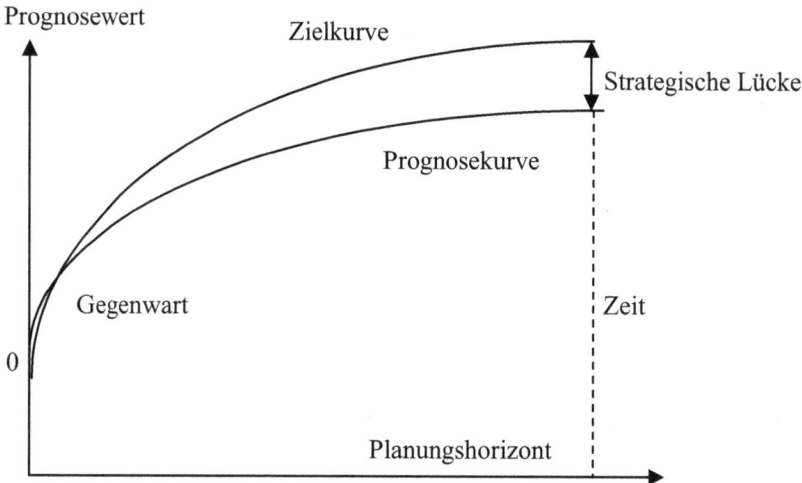

Zielkurve

Strategische Lücke

Prognosekurve

Gegenwart

Zeit

0

Planungshorizont

Aufgabe 3

Was verstehen Sie unter „strategischer Lücke"?

Differenz zwischen Zielvorstellung (Zielkurve) und Prognosekurve

Aufgabe 4

Als was sollte das Frühwarnsystem verstanden werden und wie ist Frühwarnung zu gestalten?

Controlling beinhaltet die Förderung nach permanenter Frühwarnung. Jedes Unternehmen sollte auf ein wirtschaftliches und aussagefähiges Frühwarnsystem im Rahmen des strategischen Controllings zurückgreifen können. Forderung: Frühwarnung ist so zu gestalten, dass rechtzeitig Signale erkannt und ausgewertet werden und „strategische Überraschungen" verhindert werden.

In der Unternehmung sollte ein Frühwarnsystem als Signal- und Anzeigesystem verstanden werden, das die Wahrnehmung von Chancen unter Abwägung von Risiken ermöglicht.

Aufgabe 5

Beantworten Sie folgende Aussagen:

	Ja	Nein
– Die Früherkennung von Risiken muss sich weitgehend auf Indikatoren qualitativer Art stützen.	☐	☒
– Auf quantitative Daten kann verzichtet werden.	☐	☒
– Quantitative Daten leiten sich nur aus Vergangenheitswerten ab.	☐	☒
– Notwendige Daten stehen bei der Erstellung des Frühwarnsystems immer rechtzeitig zur Verfügung.	☐	☒

Aufgabe 6

Warum ist die multiple Diskriminanzanalyse wichtig für die Früherkennung?

Ihr Wesen besteht darin, mithilfe mathematisch-statistischer Methoden eine Funktion aufzubauen, die mit relativ großer Wahrscheinlichkeit die Vorhersage gestattet, ob es sich bei einem bestimmten Unternehmen um einen Insolvenzkandidaten handelt oder nicht.

Als Methode zur Früherkennung einer möglichen Insolvenz gewährt es sowohl dem Unternehmer als auch seinen Kreditgebern, rechtzeitig Gegenmaßnahmen einzuleiten. Sie sollte aus diesen Gründen auch für mehrere Jahre berechnet werden, um die Entwicklung im Zeitablauf beurteilen zu können.

Aufgabe 7

Welche Normstrategien schlagen Sie vor?

Desinvestition:
Zurückziehen, nicht investieren, neue Sparten/Marktnischen/Segmente suchen. Evtl. Segmentierung oder Diversifikation.

Aufgabe 8

Entwickeln Sie bitte ein Schema zur Beurteilung des Artikelerfolges.

Nettoerlöse ./. zuordenbare, direkte Kosten			
DB 1 ./. sonstige Kosten, die verursachungsgerecht zuordenbar sind			
DB 2			
Strategische Überlegungen			

Aufgabe 9

Stellen Sie bitte den Produktlebenszyklus dar.

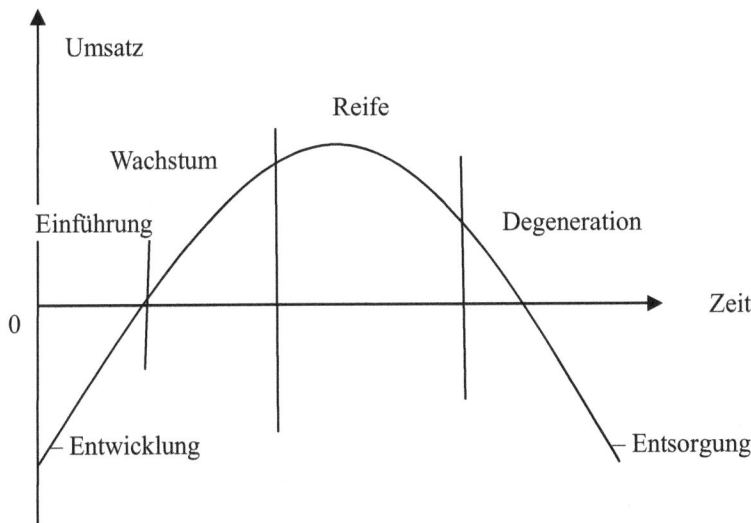

Aufgabe 10

Die Checklisten-Methode dient:

	Ja	Nein
– zur Mitarbeiter-Kontrolle	☐	☒
– zur „Rationalisierung" von Überprüfungstätigkeiten, vorrangig im qualitativen Bereich	☒	☐
– zur Durchführung aktueller Soll-Ist-Vergleiche	☐	☒
– der Erfassung aller relevanten Sachverhalte in einem Prüfgebiet	☒	☐
– zur neutralen Behandlung von Abläufen/Vorgehensweisen ohne „atmosphärische" Störungen der Verantwortlichen des zu prüfenden Bereichs	☒	☐
– zur Beurteilung von Mitarbeitern	☐	☒
– zur Schwachstellenanalyse im qualitativen Bereich	☒	☐

Aufgabe 11

Nennen Sie bitte einige Vorteile, die sich für den Controller aufgrund der Arbeit mit Checklisten ergeben:

- Objektivität
- Mehrfacheinsatz
- Wirtschaftlichkeit
- Neutrale Behandlung
- Systematisierung
- Vergleichbarkeit
- Vollständigkeit
- Erfassung aller Problemfaktoren

Aufgabe 12

Wie vollzieht sich der prozessuale Ablauf der strategischen Planung?

- Klärung des strategischen Planungsproblems auf der Basis der strategischen Unternehmensziele
- Entwicklung von strategischen Planungsalternativen sowie Auswahl der optimalen Strategiealternativen

Aufgabe 13

Wozu dient die GAP-Analyse und welche Aussage ermöglicht sie?

Die GAP-Analyse dient der Auswertung von strategischen Zielsetzungen und deren Umsetzung in Unternehmensstrategien. Sie zeigt eine mögliche strategische Lücke auf.

Aufgabe 14

Nennen Sie die wesentlichen Positionen der strategischen Bilanz und geben Sie an, welche Aussage sie ermöglicht.

Die wesentlichen Positionen der strategischen Bilanz sind: Kapital, Material, Personal, Absatz, Know-how. Sie dient der Ermittlung des strategischen Engpasses.

Aufgabe 15

Welche wichtigen Erfolgsfaktoren eines Unternehmens sind Ihnen bekannt?

Marktattraktivität, relative Wettbewerbsposition, Investitionsattraktivität, Kostenattraktivität, Marketingmix, Kenntnisse über das Unternehmen und den Markt

Aufgabe 16

Beschreiben Sie das Wesen einer Strategischen Geschäftseinheit.

Strategische Geschäftseinheiten sind Erfolgseinheiten mit eigenen Chancen und Risiken. Sie sind determiniert durch eine selbstständige Marktaufgabe in Form spezieller Kundenleistungen einschließlich der dazu erforderlichen Sach- und

Aufgabe 17

Erläutern Sie die Arten des Benchmarking.

Das interne Benchmarking besteht aus internen Analysen und Vergleich von Kennzahlen. Vorgangsweisen, Strukturen innerhalb des Unternehmens.

Das wettbewerbsorientierte Benchmarking konzentriert sich auf die Analyse von Produkten, Leistungen, Zielgruppen und ihre Auswirkungen auf das Unternehmen, v.a. hinsichtlich von Konkurrenz und Kunden.

Beim funktionalen Benchmarking erfolgt ein Vergleich und die Analyse von Prozessen, Arbeitsabläufen, Funktionen bewusst auch von Unternehmen, die nicht direkte Wettbewerber sind.

Aufgabe 18

Was ist die Grundidee des Benchmarking?

Gleichartige Vorgänge im Unternehmen, die eine hohe Bedeutung für ein Unternehmen haben werden, sind branchenunabhängig (im Gegensatz zur klassischen Konkurrenzanalyse) auch auf andere Unternehmen analog zu übertragen.

Benchmarking heißt, von als vorbildlich aufgefassten Unternehmen zu lernen, wie man bestimmte Bereiche, Tätigkeiten und Abläufe im eigenen Unternehmen besser, konsequenter, erfolgreicher, effizienter und v.a. der Kostenrelation entsprechender gestalten könnte.

Aufgabe 19

Was sind Benchmarks? Geben Sie einige Beispiele an.

„Benchmarks" sind Ziel- und Orientierungsgrößen, wobei Zahlen aber, auch qualitative Wertungen eingesetzt werden können.

Ziel- und Orientierungsgrößen des Benchmarking sind Methoden, Prozesse, Abläufe, Strukturen, aber auch Produkte, Dienstleistungen u.a.

Als Vergleichsgrößen und Bewertungsmaßstab verwendet man häufig folgende Kriterien:

- Kundenorientierung, -zufriedenheit
- Kosten-/Nutzen-Relationen
- Zeitaufwand
- Durchlaufzeiten
- Qualitätsbeanstandungen/Reklamationen
- Probleme/Störungen

Aufgabe 20

Was versteht man unter „strategischer Engpass"?

Ein Analyseinstrument zur Bestimmung der strategischen Ausgangssituation stellt die Ermittlung des „strategischen Engpasses" dar. Zu diesem Zweck wird eine „strategische Bilanz" erstellt. Der Wert der Abhängigkeit wird von 0 % bis 100 % erfasst. 100 % auf der Aktivseite stellen eine hohe Attraktivität, 100 % auf der Passivseite einer vollkommenen Abhängigkeit der Unternehmung dar. Nach durchgeführter Bewertung geben die geringsten Abstände der Bilanzposition (Abstand zwischen aktivem und passivem Zahlenwert) den strategischen Engpass an.

Aufgabe 21

Stellen Sie bitte die Kostenerfahrungskurve dar. Was sagt sie generell aus?

Die Kurve sagt aus, dass bei z.B. einer verdoppelten kumulierten Produktionsmenge die jeweiligen Stückkosten um 20 bis 30 % sinken. Das wird damit begründet, dass die allgemeinen Kostensenkungen auf Modernisierungs-, Rationalisierungs- und Mechanisierungsmaßnahmen beruhen.

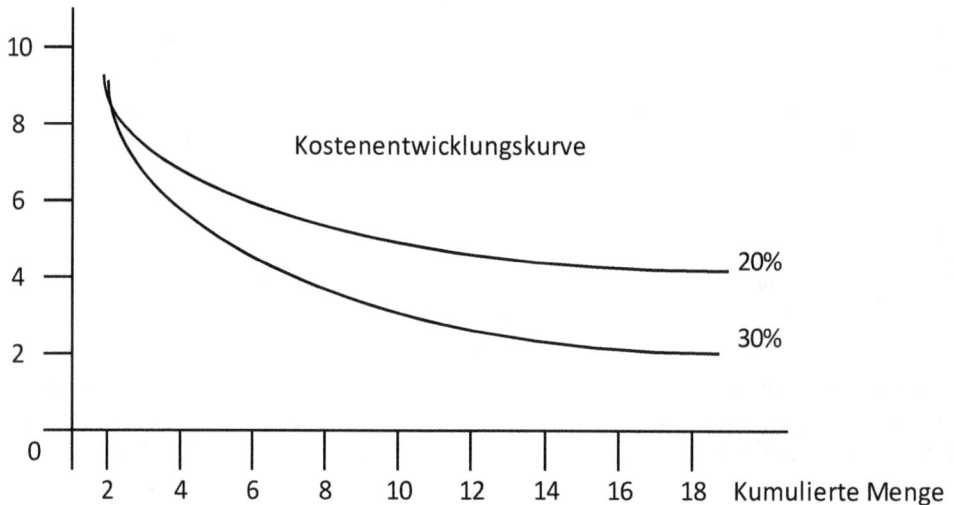

11   Musterklausuren

Klausur 1: Kosten- und Leistungsrechnung

Aufgabe 1:

a)   Maschinenbedingte Kosten

Abschreibungen	72.000	(720.000/10)
kalk. Zinsen	24.000	(600.000/2 × 8 %)
Energiekosten	25.000	
Werkzeugkosten	16.000	
	137.000	
	1.920 Std.	
Maschinenstundensatz	71,35	

b)   Gemeinkostenzuschlag

Gehälter	50.000	
Sonst. Gemeinkosten	25.000	
	75.000	
	150 %	(75.000/50.000)

c)   Gesamtmaschinenstundensatz

	137.000	
	125.000	
	262.000	
1.920 Std.		
	136,46	

Aufgabe 2

Grundstücke	Dampferzeugung	Reparatur	Fertigung	Verwaltung/Vertrieb
100.000	50.000	80.000	100.000	50.000

1) Anbauverfahren

440 qm	50 t	90 Std.		
227,27			90.908,00	9.090,80
	1.000,00		45.000,00	5.000,00
		888,89	71.111,20	8.888,90
			307.019,20	72.979,70

GESAMT   379.998,90

2) Stufenleiterverfahren

keine wesentlichen Leistungsunterschiede ⇨ Anordnung nicht vorher ersichtlich

500 qm

200,00	4.000,00	8.000,00	80.000,00	8.000,00
	54.000,00			
	150 t			
	360,00	36.000,00	16.200,00	1.800,00
		124.000,00		
		90 Std.		
		1.377,78	110.222,40	13.777,80
			306.422,40	73.577,80

GESAMT   380.000,20

Klausur 2: Controlling der Unternehmensbereiche

Aufgabe 1

Anforderungen an Controller (Küpper)

Fachliche Anforderungen		Persönliche Anforderungen
Art der Fachkenntnisse und Erfahrungen	**Inhaltliche Gegenstände**	
Betriebswirtschaftliche Theorien der Beziehungen im Führungs- und Leistungssystem **Koordinationsinstrumente** – Ziel und Kennzahlensysteme – Budgetierungssysteme – Lenkungspreissystem **Methoden der Erfolgsplanung** **Verhaltenstheorien** **Motivationsinstrumente** **Früherkennungsmethoden** **Kreativitätstechniken**	**Informationssystem** – Kosten- und Leistungsrechnung – Investitionsrechnung (Externe Rechnungslegung) (Sozialbilanzrechnung) (Humanvermögensrechnung) – EDV **Planung und Kontrolle** – Systeme – Prozesse – Instrumente **Zielsysteme** – Lösung von Zielkonflikten – Zielbildung **Personalführung** – Führungsstile – Anreizsysteme – Bestimmungsgrößen – menschliches Verhalten **Organisation** **Interdependenzen im Leistungssystem**	**Intelligenz** – Analytisches Denkvermögen – Geistige Flexibilität **Sozialverhalten** – Kontaktfähigkeit – Überzeugungsfähigkeit **Zuverlässigkeit** **Führungseigenschaften**

Quelle: nach Küpper 2008, S. 568

Aufgaben des Produktionscontrollings:

Unterstützung des Produktionsmanagements bei der betriebswirtschaftlichen Abbildung und Gestaltung des Leistungserstellungsprozesses sowie der Kontrolle der Wirtschaftlichkeit

Unterstützung des strategischen Produktionsmanagements mit Informationen und Methoden

Schaffung einer hinreichenden Informationsbasis an Leistungs- und Kostengrößen, Produktionskosten- und -leistungsrechnung

Beschaffung, Verdichtung und Bereitstellung entscheidungsbezogener Informationen

Leistungsbezogene Budgetierung und daraus resultierende Plan-Ist-Abweichungsanalysen

Aufgabe 2

a) Marketingcontrolling

Das Marketingcontrolling hat eine unterstützende Funktion bei Planung, Durchführung von Marketingmaßnahmen sowie Analyse von deren Wirkungen, insbesondere zum Zwecke einer ausreichenden Informationsversorgung

1. Unterstützung der strategischen Marketingplanung
2. Unterstützung der operativen Marketingplanung/Marketingbudgetierung
3. Marketing-Kontrollen und Audits
4. Bereitstellung eines marketingadäquaten Informationssystems
   (Anpassung der Kostenrechnung an Marketinganforderungen)
5. Organisations- und Prozesscontrolling

b) Instrumente des Marketingcontrollings

1. Instrumente zur Unterstützung der strategischen Marketingplanung
   - Früherkennungs-/Frühaufklärungssysteme
   - Portfolioanalysen
   - Stärken-Schwächen-Analysen
   - Benchmarking
   - Szenariotechnik
   - Segmentierungs-, Image- und Positionierungsstudien
   - Gap-Analyse
   - Target Costing (strategische Produktentwicklung)
   - Markenbewertungen/-stärkenanalysen
   - Marktwertberechnungen

2. Instrumente zur Unterstützung der operativen Marketingplanung
   - Marktforschung
     - Kundenzufriedenheitsanalysen
     - Markenimage/-bekanntheit
   - Marketing Accounting
     - Marktsegmentrechnungen (DB-Rechnungen)
     - Budgetierung
     - Markendeckungsbeitragsrechnung
     - Plan/Soll-Ist-Abweichungen

3. Marketing-Kontrollen und Marketing-Audits
   - Audit-Checklisten
   - Punktbewertungsverfahren/Scoring-Modelle für Audits
   - Planungskontrollen
     - Prämissen-Audit
     - Strategien-Audit
     - Maßnahmen-Audit (Bewertung Marketing-Maßnahmen)
   - Kennzahlen/-systeme
   - Soll-Ist-Vergleiche/Abweichungsanalysen
     - Produktkoste
     - Abteilungsbudgets
   - Artikel-DB-Rechnung

c) Marketing und Vertriebskennzahlen

Kennzahl	Definition
2.1 Marktanteil	eigener Netto-Umsatz/Absatz
	Gesamtumsatz/-absatz des Marktes
	Netto-Umsatz gesamt
2.3 Umsatzwachstumsrate	Umsatz A – Umsatz A
	Umsatz A(2.2.1)
2.5 Innovationsgrad	Umsatz mit Produkt bis … Jahre
	Netto-Umsatz gesamt
2.7 Reklamationsquote	Anzahl/Umsatz reklamierter Produkte
	Netto-Umsatz/Gesamt-Absatzmenge
2.8 Käuferreichweite	Anzahl der Produktkäufer/Kunden
	Anzahl der potenziellen Produktkäufer/Kunden
2.9 Bekanntheitsgrad	Anzahl der Personen die ein Produkt kennen
	Anzahl der Befragten insgesamt

Aufgabe 3

Bei der Erstellung von Berichten lässt sich zwischen einer Vielzahl an möglichen Gestaltungsdimensionen unterscheiden.

• Gestaltungsdimensionen von Berichten

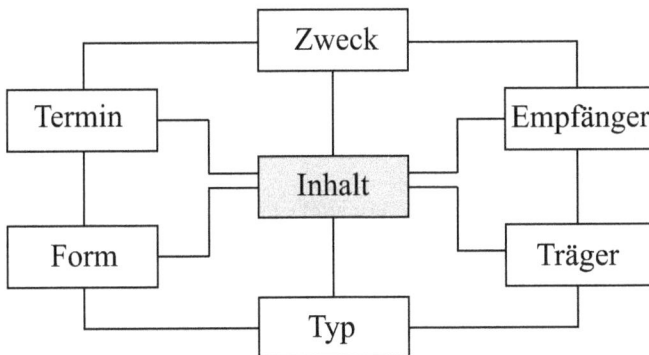

Quelle: In Anlehnung nach Küpper 2008, S. 195–202, Weber/Schäffer 2011, S. 226

- Zentrale Fragen zu den Gestaltungsdimensionen von Berichten
  - Was ist der Zweck der bereitgestellten Informationen und wie werden die Informationen genutzt?
  - Welcher Berichtstyp und welcher Berichtstermin bieten sich – ausgehend von dem definierten Zweck und der Nutzungsart – an?
  - Wie kann der Bericht adressatengerecht in Inhalt und Form gestaltet werden – d.h. wie können persönliche Charakteristika und hierarchische Position des Berichtsempfängers in der Berichtsgestaltung berücksichtigt werden?
  - Was ist der relevante Inhalt, der dem Manager im Gedächtnis haften bleiben soll?
- Im Rahmen der Informationsbereitstellung muss der Controller vier verschiedene Qualitätsdimensionen gestalten
  - Menge
    - Information Overload vs. „Blinder Fleck" Zeit
    - Zeitnähe in Relation zur Dynamik der Unternehmensinnen- und -umwelt Entscheidungsunterstützung
    - Reliabilität
    - Objektivität
    - Validität
    - Relevanz
  - Kommunikation
    - Nachvollziehbarkeit
    - Konsistenz
    - Kommunikationskosten
    - Sicherheit

Aufgabe 4

a)

- Hidden Characteristics
  Es ist nicht bekannt, inwieweit z.B. neu eingestellte Mitarbeiter „verschwenderisch" veranlagt sind. Deshalb werden z.B. Auslandstelefonate und -reisen genauer hinterfragt als die von solchen Mitarbeitern, von denen sparsames Verhalten bekannt ist.

- Hidden Information
  Der Werksleiter besitzt besseres Wissen über die erwartete Produktivitätssteigerungen als die Konzernzentrale. Um ihn zur Preisgabe seines Informations-vorsprungs zu bewegen, wird ihm ein Vertrag in Form eines Selbstwahlschemas („self selection") angeboten (hohes Fixum und niedriger Prämiensatz vs. niedriges Fixum und hoher Prämiensatz in Abhängigkeit von den erwirtschafteten Produktivitäts-zuwächsen).

b) Die monetäre Entlohnung von Führungskräften setzt sich im Regelfall aus vier Komponenten zusammen:
  - Fixe Basisentlohnung
  - Grundabsicherung und Alimentation einer angemessenen Lebensführung
  - Kurzfristige Prämie
  - I.d.R. auf der Basis jahresbezogener Ziele (Produktivität/Stückzahlen/…)

– Anknüpfung meist interne Erfolgsmessung (z.B. Gewinn, ROI), teilweise auch nicht monetäre Größen bzw. sonstige Zielvereinbarungen
– Aktien(-options)pläne
– Mittel- bis langfristige variable Entlohnungskomponente
– Liquiditätsschonende Form der Incentivierung bei realen Plänen
– Langfristige Bonuspläne
– Altersvorsorge usw.

Aufgabe 5

a) Motivationswirkung von Vorgaben (verhaltenstheoretische Erkenntnisse)

1. Zu hohe bzw. zu niedrige Vorgaben beeinträchtigen die Motivationswirkung durch Über- bzw. Unterforderung.
2. Selbst gesetzte Vorgaben motivieren besser als Vorgaben, die von außen gesetzt werden:
3. Relative Vorgaben (Benchmarks) haben eine höhere Motivationswirkung als absolute Vorgaben -„Fairness" bzw. Vermeidung von exogenen Risiken
4. Vorgaben, an die keine Konsequenzen geknüpft sind, haben oft nur eine schwache Verhaltenswirkung.
5. Motivationswirkung von Vorgaben steigt mit ihrer Klarheit und Nachvollziehbarkeit.
6. Auch Vorgaben, die der Manager durch eigenes Handeln nicht unmittelbar beeinflussen kann, können motivierend wirken.
7. Teilweise ist es sinnvoll, Vorgaben für Teams zu formulieren.

b) Top-down- und Bottom-up-Ansätze in der Planung haben so ihre Nachteile

Top-down-Planungsansatz

Top-Management

„Herunterbrechen der Unternehmensgesamtziele auf die einzelnen Unternehmenseinheiten"

Dezentrales Management

Vorteile	Nachteile
– Schnelligkeit – Klare Umsetzung der Inhaber/ Geschäftsführervorgaben	– Motivationsverluste beim dezentralen Management – Kein unternehmerisches Bewusstsein – Gefahr unrealistischer Vorgaben, da Detailkenntnisse nicht in jedem Fachbereich vorhanden

c) Typische Planungs- und Kontrollfehler

- Fehler aufgrund kognitiver Defizite, z.B.
    - Selbstüberschätzung
    - Überschätzung der eigenen Bedeutung
    - Wunschdenken
    - Fehleinschätzungen von Wahrscheinlichkeiten, lineare statt exponentielle Prognosen
    - inkonsistentes Risikoverhalten
    - fehlende Berücksichtigung von Aktionen bzw. Reaktionen anderer Akteure
    - sequentielle statt gleichzeitige Berücksichtigung paralleler Entscheidungssituationen

- Fehler aufgrund emotionaler Verzerrungen
    - positive vs. negative Affekte, kognitive Dissonanzen

- Fehler aufgrund von Gruppeneffekten
    - Groupthink – Verschiebung der Risikowahrnehmung wegen Konsens-Bestreben
    - Risky Shift – Gruppen sind bereit, ein höheres Risiko einzugehen, als dies jeder Einzelne tun würde

d) Die strategische Kontrolle

Überprüfung der Aktivitäten des Planungsprozesses auf Effektivität und Effizienz

Kontrollart	Ziel
Strategische Überwachung	Identifikation von Chancen und Risiken
Prämissenkontrolle	Überprüfung der Sinnhaftigkeit des Prämissenniveaus
Fortschrittskontrolle	Monitoring strategischer Projekte
Ergebniskontrolle	Wirkungsberechnung

Aufgaben der Controller in der strategischen Planung und Kontrolle

- Obwohl das Thema »Strategisches Controlling« schon seit Langem einen festen Platz in den Controlling-Lehrbüchern einnimmt, ist die Bedeutung der Controller im strategischen Bereich deutlich geringer als im operativen.
- Welche Aufgaben Controller in der Strategiefindung haben, hängt wesentlich davon ab, wie diese betrieben wird. Die Rolle reicht von einem kritischen Beobachter der Tragfähigkeit emergenter Strategien bis hin zur Organisation des strategischen Planungsprozesses.
- Die strategische Kontrolle besteht aus einem Gleichklang von Prämissen- und Durchführungskontrolle, die durch eine strategische Frühaufklärung unterstützt werden kann.

Aufgabe 6

a) Kauf einer Verpackungsmaschine in Vietnam für ein auf 4 Jahre begrenztes Zusatzgeschäft mit einer Investitionssumme von 18 Mio. €. Auf Basis von Verträgen können
jährlich 700.000 Stück zum Preis von 13,00 €/Stück abgesetzt werden. Für diese geplanten Stück fallen p.a. 43,0 Mio. € Fertigungskosten an.

Alternative A:	700.000	13	9.100.000,00 €	Umsatz	
			3.000.000,00 €	Fert.-Kosten	
			6.100.000,00 €	Cash Flow	
18.000.000,00 €		4	4.500.000,00 €	AfA	
			1.080.000,00 €	Zinsen	
	2,95		520.000,00 €	Gewinn	

	1	2	3	4	
−18.000.000,00 €	6.100.000,00 €	6.100.000,00 €	6.100.000,00 €	6.100.000,00 €	**Kap.Wert**
−18.000.000,00 €	5.446.428,57 €	4.862.882,65 €	4.341.859,51 €	3.876.660,28 €	**527.831,01 €**

Amortisation:	2,95				

Errichtung einer Produktionsanlage in Südafrika zur Fertigung eines Produkts für ein auf
4 Jahre befristetes Programm. Die Investitionssumme beträgt auch hier 18 Mio. €. Die Absatzerwartungen liegen bei 750.000 Stück zu einem Preis von 11,00 €. Hier wird mit Fertigungskosten von 2,3 Mio. € p.a. gerechnet.

Alternative B:	750.000	11	8.250.000,00 €	Umsatz	
			2.300.000,00 €	Fert.-Kosten	
18.000.000,00 €		4	4.500.000,00 €	AfA	
			1.080.000,00 €	Zinsen	
			370.000,00 €	Gewinn	

	1	2	3	4	
−18.000.000,00 €	5.950.000,00 €	5.950.000,00 €	5.950.000,00 €	5.950.000,00 €	**Kap.-Wert**
−18.000.000,00 €	5.312.500,00 €	4.743.303,57 €	4.235.092,47 €	3.781.332,57 €	**72.228,61 €**

Amortisation:	3,03				

b) Entscheidung nach Kapitalwert für Variante A

Weitere Kriterien:

–   Marktrisiken
–   Wechselkursrisiken
    Politische Risiken

Klausur 3: Controlling Grundlagen und Systeme

Aufgabe 1

A1)	Maschinenstundensatz		6,12	T€
	12.000 T€/1.960 Std.			
A2)	FertigungsGK-Satz		166,67 %	

B) Maschinenkalkulation				
	MEK		550.000,00	
	MGK	125 %	687.500,00	
			1.237.500,00	

	FEK		540.000,00	
	FGK	166,67 %	900.000,00	
		6.122,45	979.591,84	
			2.419.591,84	

	HK		3.657.091,84	
	VGK	15 %	548.563,78	
	VertrGK	8 %	292.567,35	
	Transport		150.000,00	
			4.498.222,96	
	Gew.-Zu	8 %	359.857,84	
			4.858.080,80	

Aufgabe 2

a)   Teilkostenrechnungssysteme

Zeitbezug der Kosten / Ausmaß der Verrechnung	Vergangenheitsorientierung (Istkostenrechnung)	Zukunftsorientierung (Plankostenrechnung)
Teilkostenrechnung (Verrechnung ausge-wählter Kosten)	• Deckungsbeitragsrechnung als Istrechnung • (Riebel'sche Einzelkosten-rechnung)	• Deckungsbeitragsrechnung als Planrechnung • Grenzplankostenrechnung

b) Teilkostenrechnungen sollen helfen, Entscheidungen zu fundieren:

Wichtige marginalanalytische Entscheidungen, für die dies zutrifft

- Welche Produkte sollen grundsätzlich in das Produktionsprogramm einer Unternehmung aufgenommen werden?
  - Annahme: Es liegen keinerlei Restriktionen, z.B. knappe Kapazitäten, vor.
  - Antwort: Alle Produkte, die einen positiven Deckungsbeitrag ausweisen.
- Wie weit kann in Preisverhandlungen auf den Kunden zugegangen werden, ohne dass der Grenzerfolg negativ wird?
  - Annahme: Es liegt ein isolierter Zusatzauftrag vor, dessen Preisgestaltung keinen Einfluss auf die Deckungsbeiträge der übrigen Produkte besitzt.
  - Antwort: Die Preisuntergrenze ist erreicht, wenn der Deckungsbeitrag gleich null ist.
- Welches von verschiedenen möglichen Produktionsverfahren soll für die Herstellung eines bestimmten Produkts verwendet werden?
- Antwort: Das Produktionsverfahren, das je Einheit an eingesetzter Kapazität den höchsten (spezifischen) Deckungsbeitrag erwirtschaftet.

c) Marginalprinzip: (Teilkostenrechnung)

Durch die Produktion einer einzelnen Leistungseinheit werden nur wenige Kosten zusätzlich ausgelöst. Nur diese können – da sonst nicht entstanden – der Leistung zugerechnet werden.

Kapazitäten werden weitgehend als fix angenommen, d.h. Fixkosten sind für die Marginalentscheidung nicht relevant.

d) Beurteilung der Varianten von Teilkostenrechnungen

- Teilkostenrechnungen setzen voraus, dass Manager die Prämissen einer Marginalentscheidung kennen und ihr Vorliegen einschätzen können. Damit stellen sie hohe Anforderungen an das Können der Manager.
- Je detaillierter Teilkostenrechnungen ausgestaltet sind, desto schwieriger sind sie vom Kostenrechnungslaien zu verstehen. Damit wachsen Gefahren einer Fehlinterpretation.
- Da ein Verzicht auf die unmittelbare Deckungsnotwendigkeit von Fixkosten Erleichterungen für den Manager in kompetitiven Märkten schafft, verleiten Deckungsbeiträge zu einer zu nachgiebigen Preispolitik.
- Wann eine Marginalentscheidung vorliegt, bestimmt der Manager. Damit sind Teilkostenrechnungen gegen Opportunismus zu schützen

Aufgabe 3

a)   Bildung von Kennzahlen

–   Erhebungsaufwand bzw. Erhebungsfehler
–   Informationsverluste durch Informationsverdichtung
–   Kommunikationsdefizite (Verständnis/Ermittlungslogik)
–   mangelhafte Abbildung betriebswirtschaftlicher Sachverhalte
–   Beispiel: Abbildungsdefizite durch Stichtagsbezug (z.B. durchschnittlicher Lagerbestand)
–   Fehlen objektiver Vergleichsmaßstäbe
–   Vergangenheitsbezug der Eingangsgrößen (Ist)
–   Manipulationsgefahr von Kennzahlen

b)

Traditionelle Kennzahlen	**Wertorientierte Kennzahlen**
– buchhalterische Größen – beeinflusst durch Bilanzpolitik – Vergangenheitsorientierung – keine Einbeziehung des Risikos – Beeinflussung durch Kapitalstruktur	– klarer Bezug zwischen Renditemaß und Wertveränderung – Berücksichtigung des Investitionsrisikos – Berücksichtigung des Finanzierungsrisikos – i.d.R. Cash-Flow-Orientierung – Zukunftsorientierung

Aufgabe 4

a)   •   Aktives Kostenmanagement
    – permanente Aufgabe
    – Bedarf abgeleitet aus genauer Analyse der Kostensituation und der Kostentreiber
    – Systematische Kostenreduktion (in Abstimmung mit Mitarbeiter)
    – Ansatz zur Verbesserung der Wettbewerbsfähigkeit

  •   Kostenniveaumanagement
    – Ansatzpunkte: – Gesamtkosten, Stückkosten,
                           – Kosten einzelner Bereiche

    – Maßnahmen: z.B.   – Reduzierung von Durchlaufzeiten
                        – Make-or-Buy-Entscheidungen
                        – Dienstleistungsverträge
                        – Betriebliches Vorschlagswesen
                        – Entlohnungspolitik

  •   Kostenverlaufsmanagement

    – Ansatzpunkte: – Degressionseffekte
                            (Erfahrungskurve)

    – Maßnahmen: – Minimierung von Leer- oder Rüstzeiten
                      – Vorgabe von Auslastungsprämien
                      – Anschaffung von Maschinen mit höheren Anschaffungskosten, aber niedrigeren Betriebskosten

- Kostenstrukturmanagement

    - Ansatzpunkte: – Verbesserung der Kostenstruktur
    - Maßnahmen: z.B.   – Beschäftigung von Fremdarbeitskräften über
                            Personalagenturen (fixe ⇨ variable Kosten)
                          – Make-or-Buy-Entscheidungen

b) Instrumente des Produktorientierten Kostenmanagements
   - Target Costing
   - Benchmarking
   - Lebenszykluskostenrechnung

c) Der Ablauf des Target Costing
   Das Kostenintervall zur Zielkostenfestlegung liegt zwischen der
   - marktorientierten Gewinnplanung: vom Markt erlaubte oder zulässige Kosten als
     Differenz aus erzielbarem Marktpreis und angestrebtem Gewinn (allowable costs)
   und den
   - bestehenden Technologien: zurzeit erreichbare Standardkosten unter Anwendung
     gegebener Produkt- und Prozesstechnologien (drifting costs)

⇨ Managemententscheidung

Zielkostenfestlegung („Market into company")
Kostenvorgabe für das Gesamtprodukt (target costs)

Zielkostenspaltung
Herunterbrechen der Zielkosten auf Produktfunktionen und -komponenten zur Operationalisierung der Zielkostenvorgabe und Einleitung von Maßnahmen zur Zielkostenerreichung

Zielkostenrealisierung
Durchführen von Maßnahmen im Entwicklungsablauf zur Zielkostenerreichung

⇨ Sind die Kostenziele der Komponenten nicht erreichbar, hat eine Überarbeitung der
  Zielkostenspaltung zu erfolgen, im Ausnahmefall sogar der Gesamtzielkosten

Aufgabe 5

	Reparatur	Energie	Material	Fertigung	
Primäre Gemein-kosten	56.000,00	98.000,00			
Leistungen					
von Reparatur (Std.)	–	20	20	60	100
von Energie (kwh)	50		400	200	650

a)   Stufenleiterverfahren

Reparatur	560,00	11.200,00	11.200,00	33.600,00	
		109.200,00			
Energie		168,00	67.200,00	33.600,00	
			78.400,00	67.200,00	

b)   Gleichungen

- $56.000\,€ + 50\,\text{kwh} \times p(\text{Energie}) = 100 \times p(\text{Reparatur})$

  $98.000\,€ + 20 \times p(\text{Reparatur}) = 650 \times p(\text{Energie})$

Klausur 4: Controlling der Unternehmensbereiche

Aufgabe 1

Anforderungen an Controller (Küpper)

Fachliche Anforderungen		Persönliche Anforderungen
Art der Fachkenntnisse und Erfahrungen	**Inhaltliche Gegenstände**	
Betriebswirtschaftliche Theorien der Beziehungen im Führungs- und Leistungssystem **Koordinationsinstrumente** – Ziel und Kennzahlensysteme – Budgetierungssysteme – Lenkungspreissystem **Methoden der Erfolgsplanung** **Verhaltenstheorien** **Motivationsinstrumente** **Früherkennungsmethoden** **Kreativitätstechniken**	**Informationssystem** – Kosten- und Leistungsrechnung – Investitionsrechnung (Externe Rechnungslegung) (Sozialbilanzrechnung) (Humanvermögensrechnung) – EDV **Planung und Kontrolle** – Systeme – Prozesse – Instrumente **Zielsysteme** – Lösung von Zielkonflikten – Zielbildung **Personalführung** – Führungsstile – Anreizsysteme – Bestimmungsgrößen – menschliches Verhalten **Organisation Interdependenzen im Leistungssystem**	**Intelligenz** – Analytisches Denkvermögen – Geistige Flexibilität **Sozialverhalten** – Kontaktfähigkeit – Überzeugungsfähigkeit **Zuverlässigkeit** **Führungseigenschaften**

Quelle: nach Küpper 2008, S. 568

Aufgabe 2

a) Vertriebscontrolling

-   Unterstützung der strategischen Ausrichtung
-   Kundenpotenziale
    -   insbesondere Absatzkanäle
-   Unterstützung der Vertriebsplanung mit den Komponenten:
    -   Organisationsplanung
    -   Personalplanung
    -   Verkaufsgebietsplanung
    -   Umsatz-/Kostenplanung
-   Vertriebskontrolle

b) Instrumente des Vertriebscontrollings

-   ABC-Analyse
-   Kundenwertanalyse (Customer-Lifetime-Value)
-   Kundenprofitabilität/Kundendeckungsbeitragsrechnung
    (Vertriebserfolgsrechnung/Preis- und Konditionenpolitik)
-   Scoring-Modelle
-   Absatzsegmentrechnung und Handelskalkulation
-   Absatzwegeanalyse (Handelsvertreter vs. Reisender vs. Direktvertrieb)
-   Produktanalyse
-   Break-even-Analyse (Cash/Gewinn)
-   Produktlebenszyklusrechnung
-   Benchmarking/Kennzahlen und Kennzahlensysteme
-   Prozesskostenrechnung

c) Kennzahlen für die Effizienzmessung im Verkauf

-   Anzahl der Kundenbesuche pro Verkäufer und Tag
-   Besuchszeit pro Kontakt
-   Erzielter Umsatz pro Besuch
-   Kosten pro Besuch
-   Erwirkte Aufträge pro einhundert Besuche
-   Zahl der neuen Kunden pro Periode
-   Zahl der verloren gegangenen Kunden pro Periode
-   Out-of-Stock-Anteil

Aufgabe 3

Gestaltung des Informationsangebots im Spannungsfeld zwischen Nachfrage und Bedarf

Feld 1	Informationsbedarf; Nachfrage und Angebot stimmen überein.
Feld 2	Informationsprodukte werden angenommen, für die de facto gar kein Bedarf besteht (z.B. weil sie billig zu haben sind).
Feld 3	Fehlgeleitete Nachfrage (z.B. Vollkosteninformationen für kurzfristige Entscheidungen).
Feld 4	Nachfrage von Informationen, die der Controller (noch) nicht anbietet.
Feld 5	Versteckte Informationsprodukte, die von den Managern nicht nachgefragt werden. Controller sollte solche Produkte suchen (z.B. interne Erfolgsrechnung auf Basis des shareholder-value).
Feld 6	Informationen, die nützlich und vorhanden sind, aber nicht nachgefragt werden.
Feld 7	Controller bietet Informationen an, die dem Manager nicht nützlich sind, und die er auch nicht haben will.

Quelle: in Anlehnung nach Weber/Schäffer 2011, S. 87

Aufgabe 4

a)

* Hidden Action
  Die Anstrengungen eines Vertriebsleiters im Bemühen um die Senkung der Logistikkosten können nicht beobachtet werden. Im Rahmen eines Benchmarking des Logistikbereichs erhält der Vertriebsleiter eine Prämie in Abhängigkeit davon, inwieweit er die Logistikkosten stärker senkt als der Durchschnitt der Vergleichsunternehmen.

* Hidden Information
  Der Vertriebsleiter besitzt besseres Wissen über die erwarteten Deckungsbeiträge als die Unternehmensleitung. Um ihn zur Preisgabe seines Informationsvorsprungs zu bewegen, wird ihm ein Vertrag in Form eines Selbstwahlschemas („self selection") angeboten (hohes Fixum und niedriger Prämiensatz vs. niedriges Fixum und hoher Prämiensatz in Abhängigkeit der erwirtschafteten Deckungsbeiträge).

b) Die monetäre Entlohnung eines Vertriebsleiters setzt sich im Regelfall aus vier Komponenten zusammen:
  * Fixe Basisentlohnung
    – Grundabsicherung und Alimentation einer angemessenen Lebensführung
  * Kurzfristige Prämie
    – I.d.R. auf der Basis jahresbezogener Ziele (Umsatz/DB/Marktanteil)
    – Anknüpfung meist interne Erfolgsmessung (z.B. Gewinn, RoI), teilweise auch nicht monetäre Größen bzw. sonstige Zielvereinbarungen
  * Aktien(-options)pläne
    – Mittel- bis langfristige variable Entlohnungskomponente
    – Liquiditätsschonende Form der Incentivierung bei realen Plänen

- Langfristige Bonuspläne
  - Altersvorsorge usw.

Aufgabe 5

a) Typische Planungs- und Kontrollfehler

- Fehler aufgrund kognitiver Defizite, z.B.
  - Selbstüberschätzung
  - Überschätzung der eigenen Bedeutung
  - Wunschdenken
  - Fehleinschätzungen von Wahrscheinlichkeiten, lineare statt exponentielle Prognosen
  - inkonsistentes Risikoverhalten
  - fehlende Berücksichtigung von Aktionen bzw. Reaktionen anderer Akteure
  - sequentielle statt gleichzeitige Berücksichtigung paralleler Entscheidungssituationen
- Fehler aufgrund emotionaler Verzerrungen
  - positive vs. negative Affekte, kognitive Dissonanzen
- Fehler aufgrund von Gruppeneffekten
  - Groupthink – Verschiebung der Risikowahrnehmung wegen Konsens-Bestreben
  - Risky Shift – Gruppen sind bereit, ein höheres Risiko einzugehen, als dies jeder Einzelne tun würde

b) Controllability

Manager sollen nur für das verantwortlich sein, was sie auch beeinflussen können

⇨ Nur Verantwortung für Handlungsfelder, die der Manager vollständig „unter Kontrolle" hat.

⇨ Bei Kontrolle der Zielerreichung werden Kontextfaktoren, die er nicht beeinflussen konnte, berücksichtigt.

c) Das Gegenstromverfahren beginnt i.d.R. mit einer „Top-down-Eröffnung"

Einzelschritte des Budgetierungsvorgehens:
1. Untersuchung der Unternehmensumwelt
2. Treffen von Voraussagen über budgetrelevante Faktoren
3. Festlegen von Budgetzielen (Gesamtunternehmen und Teilbereiche)
4. Erstellen des Gesamtbudget-Vorschlags durch die Unternehmensleitung
5. Planung der Einzelbudgets durch die dezentralen Planungseinheiten
6. Einreichen der Budgetanträge durch die dezentralen Stellen
7. Prüfung der Budgetanträge hinsichtlich formeller und materieller Aspekte
8. Abgleich der Top-down- mit den Bottom-up-Werten
9. Koordination der Teilpläne, Zusammenfassung zu Gesamtberichterstattung
10. Genehmigung der Budgets einschl. aller Teilbudgets durch die Unternehmensleitung

d) Aufgaben des Controller im Budgetierungsprozess/operative Planung

- Bereitstellung der erforderlichen instrumentellen Hilfsmittel
- Terminierung der Budgetierungsarbeiten
- Überwachung des Budgetierungsfortschritts

- Motivation der Budgetierungsverantwortlichen zur Mitarbeit
- Budgetentwürfe sammeln und bewerten
- Budgetentwürfe zur Entscheidungsvorlage aufbereiten
- Führung von „Knetungsgesprächen" (gemeinsam mit Bereichsverantwortlichen und GF)
- Koordination und Integration der Teilbudgets zum Gesamtbudget
- Sicherstellen, dass das operative Budget in Übereinstimmung mit der strategischen Planung steht

e) Kritik an der klassischen Budgetierung

Kritik an der traditionellen Budgetierung
- Zeit- und ressourcenintensiver Prozess
- Inflexibilität komplexer Planungsroutinen
- Keine Verknüpfung mit strategischen Zielen
- Fokussierung auf finanzielle Steuerungsgrößen
- Unzureichende Berücksichtigung von dynamischen Marktzusammenhängen
- Auslöser dysfunktionalen Verhaltens („Dezemberfieber")

Weiterentwicklungen der Budgetierung

Better Budgeting

Quelle: in Anlehnung nach Weber/Schäffer 2011, S. 294

„Better Budgeting"
- Funktionale Verbesserung durch die **Fokussierung von Planungsinhalten**
  - Reduzierung der Budgetierungsdimensionen (z.B. nur noch Budgetierung von Funktionskosten)
  - Statt detaillierter Budgets für vielerlei Objekte Globalbudgets und relevante Detailbudgets
  - Vereinbarung relativer Ziele
  - Einbeziehung von Benchmarking
  - Ergänzende Berücksichtigung nicht finanzieller Performance-Maße
- Arbeit mit Vorschaugrößen (Forecasts)
  - Übergang zu dynamisch rollierenden Forecasts verbessern den Marktbezug
  - Reduzierung von Frequenz und Anzahl der Budgetkontrollen
- **Verkürzung** des Budgetierungsprozesses
  - Stärkere Top-down-Komponente in der operativen Planung
  - Kürzere Planungs- und Reportingzyklen durch Fast-Close-Projekte
  - Vereinfachung des Budgetvereinbarungs- und -verabschiedungsprozesses
  - Verbesserte Unterstützung durch IT-Technologien/Verzicht auf „manuelle" Schnittstellen

Aufgabe 6

a)

Deutschland	700.000	12,50 €	9.100.000,00 €	Umsatz
			2.500.000,00 €	Fert.-Kosten
			6.600.000,00 €	Cash Flow
8.500.000,00 €		2	4.250.000,00 €	AfA
			425.000,00 €	Zinsen
			1.925.000,00 €	Gewinn

		1	2	3	
	−8.500.000,00 €	6.600.000,00 €	6.600.000,00 €		
	−8.500.000,00 €	6.000.000,00 €	5.454.545,45 €		2.954.545,45 €

Vietnam	750.000	10,00 €	7.500.000,00 €	Umsatz
			2.500.000,00 €	Fert.-Kosten
			5.000.000,00 €	Cash Flow
10.000.000,00 €		3	3.333.333,33 €	AfA
			500.000,00 €	Zinsen
			1.166.666,67 €	Gewinn

		1	2	3	
	−10.000.000,00 €	5.000.000,00 €	5.000.000,00 €	5.000.000,00 €	
	−10.000.000,00 €	4545454,55 €	4132231,41 €	3756574,02 €	2.434.259,95 €

b) Entscheidung nach Kapitalwert für Variante Deutschland
   Weitere Kriterien:
   - Marktrisiken
   - Wechselkursrisiken
   - Politische Risiken

Aufgabe 7

Portfolioanalyse – Kurzbeurteilung
Vorteile
   - Systematisches Vorgehen
   - Reduktion der Komplexität innerhalb der Entscheidungsfindung durch geschickte Visualisierung
   - Anschaulichkeit des Vorgehens
Nachteile
   - Beschränkung auf zwei Erfolgsfaktoren
   - Pauschalität im Vorgehen
   - Konzentration auf vorhandene Geschäftsfelder

Die Portfolioanalyse – eines der am häufigsten eingesetzten Instrumente der strategischen Planung

Beispiel eines Marktanteils-Marktwachstums-Portfolios

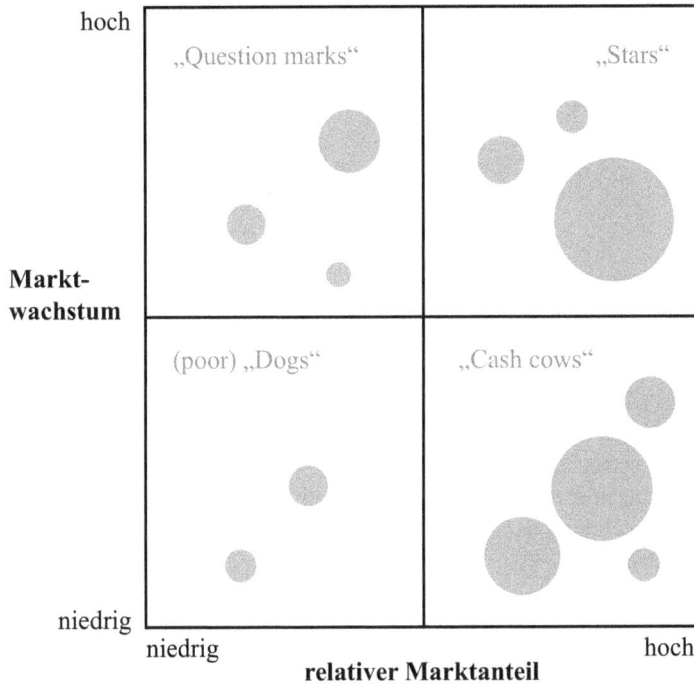

Quelle: nach Weber/Schäffer 2011, S. 407

Klausur 5: Controlling- Grundlagen und -Instrumente (120 Min.)

Aufgabe 1

– Starre Plankostenrechnung
– Produktionsmenge um 20 % unter Plan
– Gesamtkosten 5 % unter Plan
– Primärkosten 3 % unter Plan
– Trotz geringerem Mengen-Output keine Veränderung bei Materialkosten ⇨ Ineffizienzen (zu prüfen)

Aufgabe 2

a) Kostenstellenrechnung

BAB/Vorgehensweise und Teilschritte beim BAB

Die Vorgehensweise der Betriebsabrechnung in der KST-Rechnung (BAB) kann in 4 Teilschritte untergliedert werden:

1. Zuordnung bzw. Zuschlüsselung der primären Gemeinkosten (KST-Einzel und Gemeinkosten) auf die KSTn nach dem Verursachungsprinzip
2. Innerbetriebliche Leistungsverrechnung (ILV)
3. Bildung von Kalkulationssätzen für die Haupt-KSTn (Zuschlagssätze oder Kosten- bzw. Verrechnungssätze) zur Verrechnung der Haupt-KSTn auf die KTR
4. Kostenkontrolle/KST-Controlling

Für eine wirksame Kostenkontrolle setzt der 4. Teilschritt im BAB **Plan-** oder zumindest **Budgetwerte** voraus

Erstellung des Betriebsabrechnungsbogens (BAB)

Funktionen des Betriebsabrechnungsbogens
– Kalkulationsschema für die interne Kostenverrechnung
– Instrument für die Verteilung der Gemeinkosten
– Bindeglied zwischen Kostenarten-Kostenstellen- und Kostenträgerrechnung
– gute Grundlage zur Analyse und Steuerung der Gemeinkosten

b)

Anbauverfahren			
Energie	**Reparatur**	**Fertigung**	**Verwaltung**
30.000,00	120.000,00	220.000,00	180.000,00
57.750 kwh			
Verr.-satz 0,52		24.830,00	5.200,00
	1.900 Std.		
	Verr.-satz. 63,16	<u>94.740,00</u>	<u>25.264,00</u>
		339.570,00	210.464,00
		Fertigung	**Verwaltung**
		220.000,00	180.000,00
Stufenleiterverfahren (Reihenfolge aufgrund der Daten beliebig)			
62.250 kwh			
Verr.-satz 0,48	2.400,00	22.920,00	4.800,00
	122.400,00		
	1.900 Std.		
	Verr.-satz 64,42	<u>96.630,00</u>	<u>25.768,00</u>
		339.550,00	210.568,00
Energieerzeugung		$30.000 + 100h \times P(R) = 62.250 \times P[E]$	
Reparatur		$120.000 + 5.000 \times P[E] = 2.000 \times P(R)$	

c)

Herstellkosten/Selbstkosten			
Materialeinzelkosten:	13,00 €/Stück		
Fertigungslöhne:		150.000 €	
Produzierte Stück:		250.000 Stück	
Verkaufte Stück		220.000 Stück	
			13,00
		489.570 €	1,96
	Herstellkosten		14,96
	Vertriebskosten	210.464,00	0,96
	Selbstkosten		15,92

Aufgabe 3

Was sagt das Marginalprinzip grundsätzlich aus?

Grundmerkmale und Varianten von Teilkostenrechnungen

Kernaussage

Jeder Nutzer einer Kapazität muss nur und genau die Kosten tragen, die durch seine Nutzung *zusätzlich* entstehen. Für die ohnehin anfallenden Kosten ist er nicht verantwortlich.

– Verursachte Repetierfaktorkosten werden berechnet als Verbrauchs-Menge mal Wert pro Einheit.

– Verursachte Potenzialfaktorkosten leiten sich aus variablen Kosten der Kapazitätsnutzung ab (z.B. variable Instandhaltungskosten). Die Fixkosten der Kapazität verbleiben auf den leistenden Kostenstellen und werden nicht weiter verrechnet.

Marginalentscheidungen

– Zusatzauftrag
– Aufnahme von Produkten ins Produktionsprogramm
– Streichung von Produkten aus dem Produktionsprogramm
– kurzfristige Preisuntergrenze
– kurzfristig optimales Produktionsverfahren

Aufgabe 4

– Bedeutung des Gemeinkostenmanagements
– Sehr hohe Anlagenintensität in vielen Bereichen des produzierenden Gewerbes
  ⇨ hohe Gemeinkostenblöcke – kaum direkt zuordenbare Einzelkosten
  ⇨ Beeinflussung der Produktkalkulationen durch Verrechnung der Gemeinkosten

Instrumente – abgeleitet aus dem Kostenmanagement

Budgetierung – Wertanalyse – Gemeinkostenwertanalse – Zero Base Budgeting – Prozesskostenrechnung

Aufgabe 5

Basierend auf dem Controller-Leitbild der IGC lässt sich das „House of Controlling" herleiten.

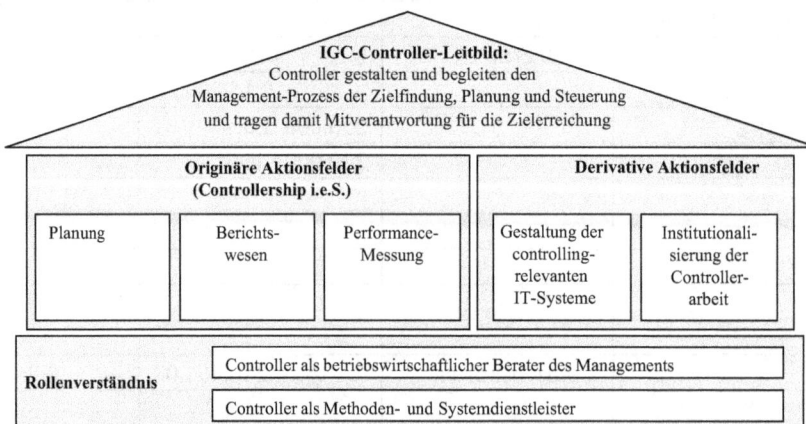

Quelle: nach Weißenberger 2007, S. 35 f.

Anforderungen an Controller (Küpper)

Fachliche Anforderungen		Persönliche Anforderungen
Art der Fachkenntnisse und Erfahrungen	**Inhaltliche Gegenstände**	
Betriebswirtschaftliche Theorien der Beziehungen im Führungs- und Leistungssystem	**Informationssystem** – Kosten- und Leistungsrechnung – Investitionsrechnung (Externe Rechnungslegung) (Sozialbilanzrechnung) (Humanvermögensrechnung) – EDV	**Intelligenz** – Analytisches Denkvermögen – Geistige Flexibilität
Koordinationsinstrumente – Ziel und Kennzahlensysteme – Budgetierungssysteme – Lenkungspreissystem		**Sozialverhalten** – Kontaktfähigkeit – Überzeugungsfähigkeit
Methoden der Erfolgsplanung	**Planung und Kontrolle** – Systeme – Prozesse – Instrumente	**Zuverlässigkeit** **Führungseigenschaften**
Verhaltenstheorien	**Zielsysteme** – Lösung von Zielkonflikten – Zielbildung	
Motivationsinstrumente		
Früherkennungsmethoden		
Kreativitätstechniken		
	Personalführung – Führungsstile – Anreizsysteme – Bestimmungsgrößen – menschliches Verhalten	
	Organisation	
	Interdependenzen im Leistungssystem	

Quelle: nach Küpper 2008, S. 568

Aufgabe 6

Das Gegenstromverfahren beginnt i.d.R. mit einer „Top-down-Eröffnung"

Einzelschritte des Budgetierungsvorgehens:

1. Untersuchung der Unternehmensumwelt
2. Treffen von Voraussagen über budgetrelevante Faktoren
3. Festlegen von Budgetzielen (Gesamtunternehmen und Teilbereiche)
4. Erstellen des Gesamtbudget-Vorschlags durch die Unternehmensleitung
5. Planung der Einzelbudgets durch die dezentralen Planungseinheiten
6. Einreichen der Budgetanträge durch die dezentralen Stellen
7. Prüfung der Budgetanträge hinsichtlich formeller und materieller Aspekte
8. Abgleich der Top-down- mit den Bottom-up-Werten
9. Koordination der Teilpläne, Zusammenfassung zu Gesamtberichterstattung
10. Genehmigung der Budgets einschl. aller Teilbudgets durch die Unternehmensleitung

Aufgaben des Controllers im Budgetierungsprozess/operative Planung

–   Bereitstellung der erforderlichen instrumentellen Hilfsmittel
–   Terminierung der Budgetierungsarbeiten
–   Überwachung des Budgetierungsfortschritts
–   Motivation der Budgetierungsverantwortlichen zur Mitarbeit
–   Budgetentwürfe sammeln und bewerten
–   Budgetentwürfe zur Entscheidungsvorlage aufbereiten
–   Führung von „Knetungsgesprächen" (gemeinsam mit Bereichsverantwortlichen und GF)
–   Koordination und Integration der Teilbudgets zum Gesamtbudget
–   Sicherstellen, dass das operative Budget in Übereinstimmung mit der strategischen Planung steht

Klausur 6: Controlling Grundlagen (90 Min.)

Aufgabe 1

A1)	Maschinenstundensatz		8.108,11
	15.000 T€/1850 Std.		
A2)	FertigungsGK-Satz		166,67 %

B) Maschinenkalkulation			
	MEK		100.000,00
	MGK	100 %	110.000,00
			210.000,00
	SEK Fert.		
	FEK		3.000,00
	FGK	166,67 %	5.000,00
		8.108,11	324.324,32
			332.324,32
	HK		542.324,32
	VGK	20 %	108.464,86
	VertrGK	4 %	21.692,97
	Transport		150.000,00
			672.482,16
	Gew.-Zu	10 %	67.248,22
			739.730,38

Aufgabe 2

a) **Vollkostenrechnung – Teilkostenrechnung**

1. Die Vollkostenrechnung verrechnet alle in der Periode anfallenden Kosten. Die Herstellkosten werden dabei auf Basis der produzierten Menge aufgeteilt; Verwaltungs- und Vertriebskosten auf Basis der Herstellkosten der abgesetzten Menge.
2. Die Vollkostenrechnung verfolgt als zentrale Zwecke die Kalkulation insgesamt auskömmlicher Preise sowie die Kontrolle des Betriebsgeschehens in Form einer Betriebsergebnisrechnung.
3. Für Marginalentscheidungen ist die Vollkostenrechnung nicht geeignet. Hintergrund ist die Proportionalisierung fixer Kostenbestandteile auf die Selbstkosten bzw. in Gemeinkostenzuschlägen, die den Anteil der variablen Kosten, die in einer Marginalbetrachtung allein variieren, nicht mehr erkennen lassen.

Die Teilkostenrechnung verrechnet nur die variablen Kostenbestandteile

Marginalentscheidungen werden besser durch die Teilkostenrechnung unterstützt:

Dazu gehören unter anderem:

- Entscheidungen über die Eliminierung von Produkten aus dem Produktprogramm
- Entscheidungen über die Annahme oder Ablehnung von Zusatzaufträgen
- Entscheidungen über die Auswahl von Produktionsverfahren
- Entscheidungen über Eigenerstellung oder Fremdbezug von Zwischenprodukten (Make-or-Buy)
- Entscheidungen über die Festlegung von Preisuntergrenzen

b) Kosten bezeichnen den bewerteten Verzehr von Gütern und Dienstleistungen, die den Betriebszweck dienen.

Der Cash-Flow bezeichnet den Mittelzykluss einer Periode im Wesentlichen:

Betriebsergebnis + Abschreibung + Bildung von Rückstellungen

Aufgabe 3

1.

Jahresüberschuss - EBIT			
		Umsatz	105.000
		Mieterträge	1.000
		Skonto	0
	=	Gesamtleistung	106.000
		Rohstoffe	–45.000
	=	Rohertrag	61.000
		Löhne&Gehälter	–35.000
		Verwaltungskosten	–3.500
		Abschreib. Auf Immat. VG	–2.000
		AfA	–8.300
	=	EBIT	12.200
		Zinsaufwand	–2.500
		A.O. Ergebnis	1.000
	=	EBT	10.700
		Steuern	–4.815
	=	Jahresüberschuss	5.885
		EBIT	12.200
	+	Abschreib. Auf Immat. VG	2.000
		EBITA	14.200
	+	AfA	8.300
		EBITDA	22.500

Veränderung Working Capital			
	+	Erhöhung Forderungen	−3.550
	-	Reduktion Verbindlichkeiten	−2.000
		Reduktion der Vorräte	5.150
	=	Erhöhung Working Capital	−400

⇨ es fließt Geld aus dem Unternehmen ab!!

Cash-Flow			
		Jahresüberschuss	5.885
		Zinsen	2.500
		Steuern	0
		Abschreibungen	10.300
		Veränderungen der Rückstellungen	−1.000
		Veränderung Working Capital	−400
1.	+	**Operativer Cash-Flow**	**17.285**
		Investitionen	−5.000
		Verkauf lfr. Wertpapiere	2.000
2.	+	**Cash-Flow aus Investititionstätigk.**	**−3.000**
	=	Free Cash Flow	14.285
		Bankkreditaufnahme	3.500
		Zinsen	−2.500
		Dividende	−1.000
3.		**Cash-Flow aus Finanzierungstätigkeit**	0
	=	Veränderung Bankkonto	14.285

Gewinn- und Verlustrechnung – einige Begriffe

- **Jahresüberschuss/Jahresfehlbetrag**
  = Überschuss der Erträge über die Aufwendungen und ggf. umgekehrt
- **EBIT** – Earning Before Interest and Taxes
- = operatives Ergebnis bzw. Ergebnis der Betriebstätigkeit
- **EBT** – Earning before Tax
- **EBITDA** – Earning before Interest, Taxes, Depreciation and Amortization

Ergebnisgrößen und Verwendungszweck

Ergebnisgröße	Verwendungszweck
EBT	– Operative Ertragskraft – Rechtsform- und steuersystemübergreifende Unternehmensvergleiche
EBIT	– Operative Ertragskraft – Unabhängig von Kapitalstruktur und Ertragsteuerbelastung – Basis für die Ermittlung des ROCE (EBIT/Capital Employed)
EBITA	– Vergleich intern (Umsatz) und extern (durch Zukäufe) gewachsener Unternehmen – Unabhängig von Abschreibungen auf immaterielle Vermögenswerte
EBITDA	– Cashflow-Ersatzgröße der externen Bilanzanalyse (Näherungswert!) – Operative Selbstfinanzierung eines Unternehmens – Unabhängig von Kapitalstruktur und Abschreibungspolitik – Beurteilung der Übernahmegefahr – Zentrale Eingangsgröße für die Vereinbarung/Ermittlung von Covenants

2.

ROI

$$\frac{JÜ}{Bilanzsumme} \qquad \frac{5{,}885}{85} = 6{,}9\,\%$$

$$\frac{EBIT}{Bilanzsumme} \qquad \frac{12{,}2}{85} = 14{,}4\,\%$$

Roce

$$\frac{EBIT}{Betriebsnotwendiges\ Kapital} \qquad \frac{12{,}2}{60} = 20{,}3\,\%$$

$$\frac{JÜ}{Betriebsnotwendiges\ Kapital} \qquad \frac{5{,}885}{60} = 9{,}8\,\%$$

ROS

$$\frac{JÜ}{Umsatz} \qquad \frac{12{,}2}{105} = 11{,}6\,\%$$

3. Ja

Aufgaben des Controllers

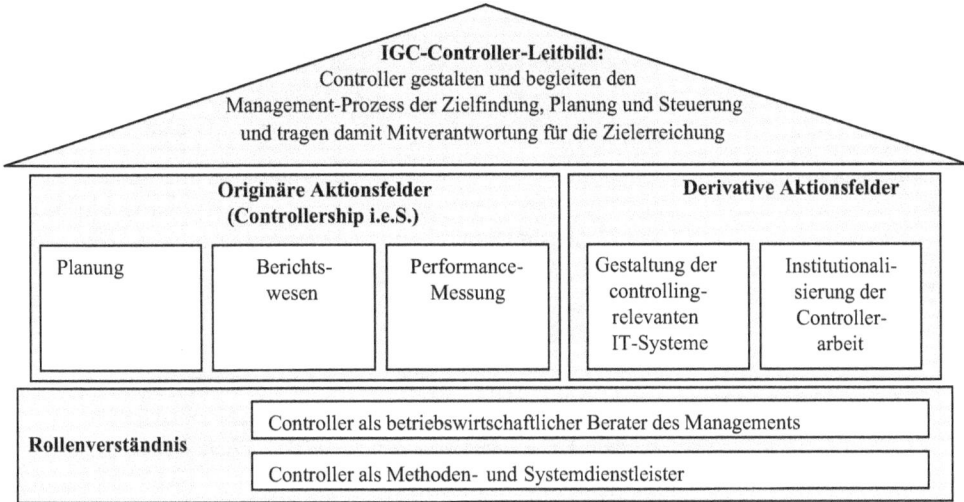

```
IGC-Controller-Leitbild:
Controller gestalten und begleiten den
Management-Prozess der Zielfindung, Planung und Steuerung
und tragen damit Mitverantwortung für die Zielerreichung
```

Originäre Aktionsfelder (Controllership i.e.S.)			Derivative Aktionsfelder	
Planung	Berichts- wesen	Performance- Messung	Gestaltung der controlling- relevanten IT-Systeme	Institutionali- sierung der Controller- arbeit

Rollenverständnis	Controller als betriebswirtschaftlicher Berater des Managements
	Controller als Methoden- und Systemdienstleister

Quelle: nach Weißenberger 2007, S. 35 f.

Aufgabe 4

a)   Strategische Planung

⇨ **hat das Erkennen und den Aufbau strategischer Erfolgs- und Fähigkeitenpo-
tenziale im Rahmen von gewählten Wettbewerbsstrategien zum Inhalt**

Erfolgspotenziale: Abgrenzbare Produkt-, Markt- oder Kundensegmente
(Geschäftsfelder, Regionen)

Fähigkeitspotenziale: Kernkompetenzen (z.B. Beherrschung von Technologien,
Know-how über Kunden, überlegene Logistik etc.)

⇨ **bedeutet den Versuch einer bewussten Gestaltung der Zukunft trotz der dieser
innewohnenden Unsicherheit.**

**Gerade die hohe Unsicherheit unterscheidet sie von einer Langfristplanung, die auf
als gegeben angenommenen Gesetzmäßigkeiten beruht.**

Abgrenzung von operativer und strategischer Planung

	Strategische Planung	**Operative Planung**
Zeithorizont	Langfristig, a priori nicht begrenzt	Primär kurzfristig, im Rahmen der rollierenden Steuerung auch mittelfristig
Zentrale Zielgröße	Langfristige Unterneh- menserhaltung und Wertmaximierung	Gewinnerzielung/Erwirtschaftung von Wertbeiträgen

Betrachtungsfokus	Unternehmensinnen- und -umwelt	Unternehmensinnenwelt
Orientierung	Langfristige Koordination	Entscheidungsunterstützung, Festlegung von kurzfristigen Zielen und Aktionen
Informationale Fundierung	Quantitative und qualitative Abbildung der Unternehmensinnen- und -umwelt (Marktpositionen, Wettbewerbsvorteile, Kernkom-petenzen, usw.)	Quantitative, primär monetäre Größen (z.B. Kosten und Erlöse), zunehmend nicht monetäre Kennzahlen (Balanced Scorecard)
Freiheitsgrad	Bewusste Veränderbarkeit aller Planungsparameter (Ziele, Handlungsalternativen)	Weitgehende Konstanz der grundsätzlichen Ziele und Möglichkeiten
Strukturierungs- und Formalisierungsgrad	Niedrig (Beschränkung auf Vorgaberaster)	Hoch (sog. Budgetierungs „fahrpläne")
Autonomiegrad des Controllers	Eher niedrig, da enge Zusammenarbeit mit dem Management erforderlich	Eher hoch aufgrund der geringen Freiheitsgrade in der Gestaltung der zukünftigen Handlungen

b) Strategische Kontrolle – Überprüfung der Aktivitäten des Planungsprozesses auf Effektivität und Effizienz

Kontrollart	Relevante Phase	Fokus	Ziel
Strategische Überwachung	gesamter Prozess	extern	Identifikation von Chancen und Risiken
Prämissenkontrolle	Analysephase	intern	Überprüfung der Sinnhaftigkeit des Prämissenniveaus
Fortschrittskontrolle	Implementierung	intern	Monitoring strategischer Projekte
Ergebniskontrolle	Implementierung	intern	Wirkungsberechnung

Aufgabe 5

a) Benchmarking

Benchmarking ist ein zielgerichteter, kontinuierlicher Prozess, bei dem

- Produkte und Dienstleistungen,
- betriebliche Funktionen und Verfahren sowie
- Prozesse

verglichen werden. Dabei soll das Unternehmen von denjenigen lernen, die Bestleistungen erbringen.

Ziele des Benchmarking:

- Steigerung der Leistungsfähigkeit des Gesamtunternehmens
- Schwachstellen des Unternehmens identifizieren und beheben
- Verbesserung der Effizienz betrieblicher Prozesse
- Aufbrechen ineffizienter und verkrusteter Strukturen

Quelle: nach Weber/Wertz 1999, S. 13

Bewertung der einzelnen Benchmarking-Arten

	Internes Benchmarking	Wettbewerbs Benchmarking	Funktionales Benchmarking	Generisches Benchmarking
Unmittelbare Vergleichbarkeit	hoch	hoch	mittel	niedrig
Aufwand	niedrig	mittel	mittel	hoch
Vertraulichkeitsproblem	niedrig	mittel	mittel	niedrig
Lernpotential	niedrig	mittel	hoch	hoch

hoch ● mittel ● niedrig ●

Quelle: nach Weber/Wertz 1999, S. 13

Benchmarking-Ablauf

- Vorbereitung
  - Festlegung des Projektes
  - Festlegung des Teams
  - Festlegung relevanter Größen zur Leistungsbeurteilung
  - Bestimmung von Partnern
- Analyse
  - Analyse von Informationsquellen
  - Ermittlung von Leistungs- und Kostenlücken

- – Analyse der Ursachen
- – Kommunikation der Ergebnisse

- Umsetzung

  - – Definition von Zielen und Strategien zur Beseitigung der Lücken
  - – Festlegung von Aktionsplänen zur Umsetzung
  - – Realisierung der Umsetzungspläne
  - – Kontrolle des Umsetzungsprozesses

b) Balanced Scorecard (nach Kaplan/Norton)

Keine mathematischen Zusammenhänge, aber Kausalbezug

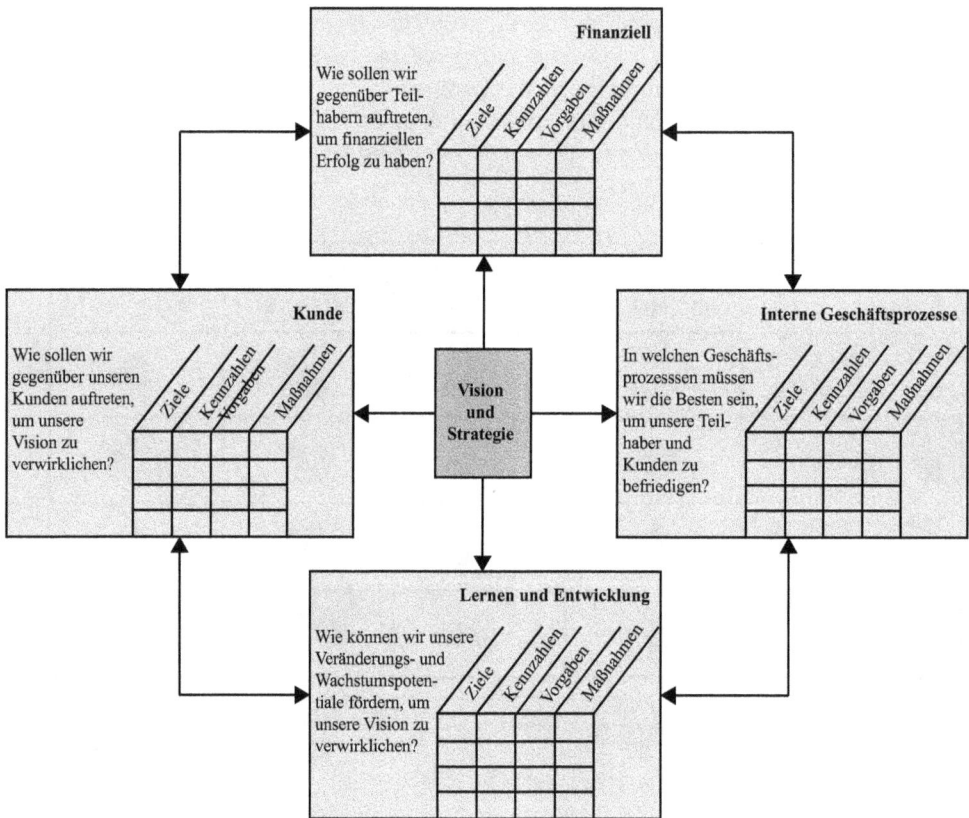

Finanziell

Wie sollen wir gegenüber Teilhabern auftreten, um finanziellen Erfolg zu haben?

Ziele | Kennzahlen | Vorgaben | Maßnahmen

Kunde

Wie sollen wir gegenüber unseren Kunden auftreten, um unsere Vision zu verwirklichen?

Ziele | Kennzahlen | Vorgaben | Maßnahmen

Vision und Strategie

Interne Geschäftsprozesse

In welchen Geschäftsprozesssen müssen wir die Besten sein, um unsere Teilhaber und Kunden zu befriedigen?

Ziele | Kennzahlen | Vorgaben | Maßnahmen

Lernen und Entwicklung

Wie können wir unsere Veränderungs- und Wachstumspotentiale fördern, um unsere Vision zu verwirklichen?

Ziele | Kennzahlen | Vorgaben | Maßnahmen

Quelle: nach Weber/Schäffer 2011, S. 193

Faustregel „Ausgewogenheit":

- ▪ Nicht mehr als 5–7 Kennzahlen je Perspektive
- ▪ Nicht mehr als 4–5 Perspektiven
- ▪ Nicht mehr als 20–25 Kennzahlen insgesamt
- ▪ Kosten-Nutzen-Betrachtung:
  Festgelegte Kennzahlen müssen wirtschaftlich messbar sein

Ursache-Wirkungs-Kette in der Balanced Scorecard

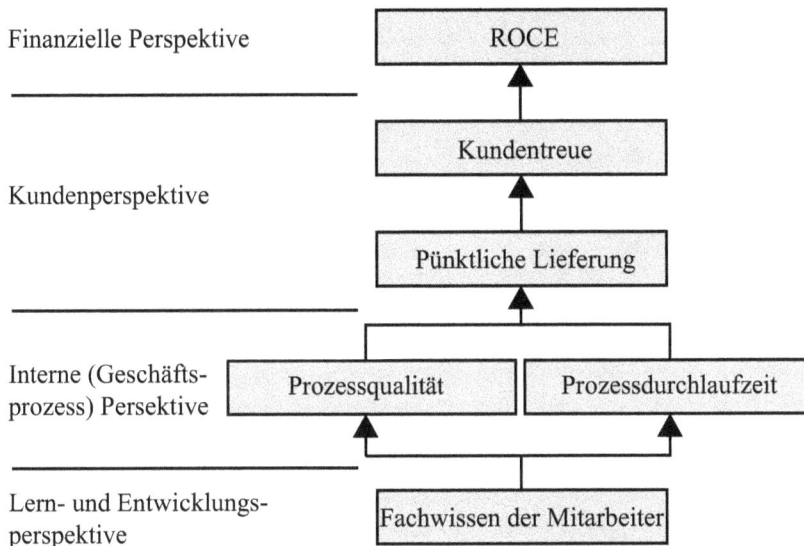

Finanzielle Perspektive

```
┌─────────────────────────┐
│          ROCE           │
└─────────────────────────┘
              ▲
              │
┌─────────────────────────┐
│       Kundentreue       │
└─────────────────────────┘
              ▲
              │
┌─────────────────────────┐
│    Pünktliche Lieferung │
└─────────────────────────┘
              ▲
    ┌─────────┴─────────┐
┌──────────────┐  ┌─────────────────────┐
│ Prozessqualität │  │ Prozessdurchlaufzeit │
└──────────────┘  └─────────────────────┘
    ▲                    │
    └─────────┬──────────┘
┌─────────────────────────────┐
│ Fachwissen der Mitarbeiter  │
└─────────────────────────────┘
```

Kundenperspektive

Interne (Geschäftsprozess) Persektive

Lern- und Entwicklungsperspektive

Quelle: nach Weber/Schäffer 2011, S. 196

Balanced Scorecard als Steuerungsinstrument

Balanced Scorecard in der in- und externen Steuerung

–   Strategisches Instrument der internen Steuerung im Rahmen der Führungstätigkeit
–   Operationalisierung der strategischen Ziele anhand von Kennzahlen
–   Förderung der Kommunikation der Unternehmensstrategie
–   Hohe Flexibilität erlaubt Anpassung an unternehmensspezifische Bedürfnisse
–   Geeignetes Instrument des externen Reportings im Rahmen des Value-Reporting

Balanced Scorecard – Grenzen

Grenzen und Gefahren des Konzepts

–   Zusammenhänge nicht eindeutig bewiesen
–   Gefahr fehlerhafter Ursache-Wirkungs-Ketten
–   Vielzahl interdependenter Kontextfaktoren macht Lokalisierung von Fehlentwicklungen schwierig
–   Gefahr von Fehlinterpretationen bei der Zielgewichtung

Vertiefende Literatur

Dörrie/Preißler: Grundlagen Kosten- und Leistungsrechnung, 8. Auflage 2004

Küpper, H.-U.: Controlling – Konzeption, Aufgaben, Instrumente, 5. Auflage, Stuttgart 2008

Preißler G./Figlin, G. IFRS Lexikon, München 2009

Preißler, P: Controlling, 13. Auflage 2007

Preißler, P: Entscheidungsorientierte Kosten- und Leistungsrechnung, 3. Auflage Mainz 2004

Preißler P, Preißler G: Lexikon Controlling, Landsberg 2007

Preißler, P: Betriebswirtschaftliche Kennzahlen, München 2008

Weber, J./Schäffer U.: Einführung in das Controlling, 13. Auflage, Stuttgart 2011

Weber, J./Wertz, B.: Benchmarking Excellence, Schriftenreihe Advanced Controlling, Bd. 10, Vallendar 1999

Weißenberger, B.E.: IFRS für den Controller, Freiburg et al. 2007

www.ingramcontent.com/pod-product-compliance
Lightning Source LLC
Chambersburg PA
CBHW080527220326

41599CB00032B/6224